MARÍA TUDOR

MARÍA TUDOR

La sanguinaria

por Marcela Altamirano

Grupo Editorial Tomo, S.A. de C.V.
Nicolás San Juan 1043
03100 México, D.F.

1a. edición, febrero 2004.

Nicolás San Juan 1043, Col. Del Valle
03100 México, D.F.
Tels. 5575-6615, 5575-8701 y 5575-0186
Fax. 5575-6695
http://www.grupotomo.com.mx
ISBN: 970-666-917-5
Miembro de la Cámara Nacional
de la Industria Editorial No 2961

Proyecto: Marcela Altamirano
Diseño de Portada: Trilce Romero
Formación Tipográfica: Servicios Editoriales Aguirre, S.C.
Supervisor de producción: Leonardo Figueroa

Impreso en México - *Printed in Mexico*

Contenido

TERCERA PARTE

La Reina

Prólogo

Tal vez la vida de María Tudor ha seducido a muchos historiadores y escritores de diversos países por la conmoción que causó en toda Europa la "reforma religiosa" iniciada por Enrique VIII, la cual tuvo un momento crucial y grave en la breve etapa del reinado de María y su esposo Felipe de España, quienes consiguieron producir una completa reacción católica.

Inglesa de abolengo, de cuna y de trono, española también por su fe, por su sangre y por su matrimonio, María I Tudor no se mostró nunca ni más ni menos sumisa que su padre Enrique VIII, sus hermanos Eduardo VI o Isabel, en el empleo de los resortes punitivos para la defensa de las instituciones fundamentales del reino; ni tampoco se promulgaron bajo su mando leyes más severas que las anteriores o posteriores.

Parte de esta historia sigue y examina la vida de Enrique VIII, con el fin de rescatar su papel como padre de María; un mal padre por cierto. Ella fue una hija desdichada y una esposa infeliz, madre frustrada, creyente perseguida, perjura a la fuerza, reina fracasada, mártir constante de la reciedumbre de su fe y de la impiedad de su destino.

Se le ha calificado como obstinadamente testaruda, beata, violenta, cruel, vengativa, tiránica, de mal carácter y estrecha inteligencia. Sin embargo, se destaca en ella la virtud de la sinceridad, la honrada fidelidad a sus amistades, y aquella gran resolución y vigor mentales que parecían ser inherentes a su familia.

¿Fanática católica? ¿Sanguinaria?

Algunos historiadores la han llamado "María la Sanguinaria" por el gran número de persecuciones religiosas que tuvieron lugar durante su reinado, pues casi 300 personas fueron condenadas a muerte acusadas de herejía. A manera de disculpa, otros, menos severos, atribuyen estos hechos a su exagerado fervor religioso.

En estas páginas se revisan sus tribulaciones, entreveradas con fugaces venturas, invitando al lector a considerar cómo, por qué y hasta qué punto fue merecedora de ser llamada por la Historia "la Sanguinaria". Quizás al acompañarla a lo largo de su vida podamos, si no disculparla, sí comprenderla. De todas formas sirva retomar lo que alguna vez expresara un escritor inglés en un artículo periodístico dedicado a esta reina inglesa:

"Por cada hombre o mujer a quien María dio muerte, su padre dio muerte a diez... Enrique VIII ha tenido, sin embargo, en relación con su hija, eterna ventaja de disfrutar de lo que en nuestros días se llama *una buena publicidad.*"

M. A.

Primera Parte

La Niña

En el palacio de Greenwich...

Greenwich —ahora un distrito cercano al puente de Londres— era, en los primeros tiempos de Enrique VII, un magnífico palacio, albergue temporal de este soberano y de su familia perteneciente a la realeza.

Es de mencionarse que Westminster, Richmond y la Torre de Londres fueron mansiones regias en aquella época, conservándose únicamente la Torre, que entonces poco se utilizó como residencia real, aun cuando no se había acentuado tan lúgubremente como después al ser destinada como "prisión de Estado". La Torre de Londres en las postrimerías de la época renacentista, no invitaba, guerrera y sombría como era, al sosiego de la vida casera que desde ese entonces hacía de cada hogar inglés el santuario de las intimidades domésticas, por lo que únicamente conservó durante mucho tiempo el privilegio de ser punto de partida obligado para cortejos nupciales y de coronaciones.

El palacio de Westminster servía de marco oficial a todas las grandes ceremonias cortesanas, por lo que tampoco convidaba a la vida hogareña por sus dimensiones y distribución. Whitehall y Hampon Court no pertenecían aún a la Corona, y Windsor quedaba muy retirado del núcleo urbano londinense. Así, pues, fueron Richmond y Greenwich, en el campo, no muy lejos de Londres, las residencias preferidas al principio por Enrique VIII, coronado rey de Inglaterra en 1509.

Sería más tarde que su insaciable afán de ostentación y su despego por cuanto le abochornaba con la evocación de los recuerdos, impelerían a este rey hacia escenarios que, por ser más fastuosos, tenían para él el encanto de que nada en ellos trascendía al perfume de los días, relativamente cercanos en que aspiraba a la canonización, y a que se cumpliese su máxima ilusión de que el Papa le nombrase *Filer Defensor* (Defensor de la Fe).

El palacio de Richmond era, además, la residencia solariega de los Tudor; un sitio hasta tal extremo pintoresco, que se le denominaba *Sheen* (brillo, esplendor), y daría nombre al ducado que ostentó Enrique VII antes de subir al trono. En los parques que lo circundaban pululaban manadas de ciervos; y la colina cuya vertiente eligió Eduardo I para construir el refugio de caza que Eduardo III transformó en palacio, se asociaba en las remembranzas de la infancia de Enrique VIII, cuando éste practicaba la caza con reses. En los aposentos de aquella residencia corrieron los penúltimos días de Isabel de York, y también en ellas exhaló su último suspiro su padre, Enrique VII; y aunque él, sucesor de ambos, no fuera ciertamente un sentimental, su egolatría le inclinaba a huir de cualesquier reminiscencia melancólica de las que estaban pobladas las estancias de Richmond.

Palacio real de Greenwih; residencia predilecta de los Tudor. Ahí nació María Tudor, en el año de 1516.

Greenwich, en cambio, aunque brumoso y húmedo, y con reputación de ostentar un clima nada benéfico para la salud, tenía, a los ojos de Enrique VIII, un mérito insuperable: allí había nacido él. Además, en aquel palacio, no lejos de cual se encontraba la parroquia donde recibió el bautismo, saciaba a su placer una de sus más nobles aficiones: los barcos y la navegación mercantil y militar. Desde las terrazas cerca del río o desde la misma torre del palacio, admiraba e inspeccionaba el subir y bajar de las naves a lo largo del Támesis, que ya presagiaban el futuro poderío naval británico. Ahí, donde terminaba el horizonte y el curso fluvial, en la colindante Isla de los Perros, a dos pasos corriente arriba de la entrada del puerto de Londres, el vetusto palacio de Greenwich hacía las veces de faro y vigía sobre un brazo del río. El frondoso parque que lo circundaba, así como la capilla franciscana de los 'frailes grises', envolvían todo el paraje en una atmósfera de memorias conyugales. En aquella modesta Iglesia, el rey se había casado años antes de manera clandestina con Catalina de Aragón.

Se entiende, pues, que tan pronto como a mediados de 1515, la reina complutense volvió a sentirse visitada por Dios —como se oía decir a las damas cristianas de antaño sobre aquellas *with child* (con bebé)—, acudiera de inmediato a Greenwich, con permiso de su esposo, más esperanzada que nunca en lograr ahí la definitiva sucesión. "Ahora sí —decían los monarcas—, vamos a tener un hijo varón robusto." Y lo pensaban porque así se lo habían pedido simultáneamente, él, como buen inglés, a Nuestra Señora de Walsingham; ella, como buena hija de Isabel de Castilla, a San Juan de Ortega, el santo preferido de la reina católica para tales sucesos.

El sucesor del trono

Enrique VIII y la reina Catalina confiaban también en los cuidados, y el reposo a los que se sometería la futura madre en el tranquilo apartamento del palacio ribereño, cuyas características eran propicias para esperar el advenimiento. Cierto que, también entre sus muros, se les habían malogrado otras esperanzas semejantes. Pero ahora, con la experiencia adquirida, podrían corregirse errores de conducta, y ambos rogaban a Dios que les permitiera dar a Inglaterra la sucesión varonil del trono por la que tanto suspiraba el rey, aun cuando éste no dejaba de temer que, por haberse casado con la viuda oficial de su hermano, se le pudiera castigar con la extinción de su dinastía... En cuanto a Catalina, ella había hecho el propósito de evitarse molestias y disgustos por algunos meses; incluso renunciaría al ajetreo de la dirección personal de su hogar, costumbre que precisamente había adquirido en el propio Greenwich en sus días de recién casada, como imitación de lo que siempre vio hacer en su infancia a la infatigable soberana castellana, su progenitora y maestra.

Las circunstancias favorecían el designio de Catalina ahorrándole motivos de preocupación. Dentro de lo que cabía, las pasiones exaltadas por algunas desavenencias con el rey parecían haber entrado en un periodo de calma; en el interior del reino iban desvaneciéndose poco a poco las rivalidades y el encono que dejó tras de sí la "Guerra de las Dos Rosas"; y en el exterior, la tensión entre Fernando el Católico y Enrique —su padre y su marido— de la que con frecuencia ella había sido víctima, se hallaba visiblemente en vías de remisión.

Antes de casada, Catalina de Aragón sufría en su papel de embajadora de sus padres —papel que le atribuían sus enemigos—, cuando en realidad sólo era una mujer deseosa de la paz entre España y la familia británica, a la que la habían unido por intereses de Estado. Mientras vivió su suegro, Enrique VII, se había suscitado un forcejeo entre él y Fernando V por su dote, su segundo matrimonio, y por las obligaciones de ambos para sufragar sus necesidades. Ambiciosos y calculadores, su padre y el padre de sus dos maridos (Arturo, el pretérito y Enrique, el futuro) la hicieron sufrir con sus regateos y mezquindades. Así pues, al casarse en segundas nupcias, de ser princesa viuda de Gales, se convirtió en reina de Inglaterra y ni estando ella de por medio, cesaron la animosidad, las patrañas, los mal disimulados recelos entre Fernando y su nuevo yerno, ya proclamado Enrique VIII.

Devota al mismo tiempo de su lejano padre —que tanto la había mimado cuando niña por ser la más pequeña de la casa— y de la gallarda persona de su esposo, Catalina no sabía a veces cómo combinar en su liturgia las preces con que pedía a Dios gracia para esos dos ídolos de sus cultos. Si el uno era perspicaz y experto, el otro no era lerdo, y cuando los intereses de las respectivas políticas nacionales se contraponían, no tardaba en suscitarse un intercambio de diálogos epistolares en tonos muy ásperos, que hacían saltar chispas, las cuales, al menos, chamuscaban las ansias de concordia en que se consumía la hija del uno y consorte del otro. Un momento había habido en el que, a propósito de los asuntos de Navarra y Francia, uno de esos chispazos estuvo a punto de convertirse en incendio. El rey Católico le hizo al inglés una jugarreta diplomática que llevó a éste a un enfrentamiento con el francés. En esa ocasión, el yerno acusó al suegro de traidor; lo llamó viejo zorro, desleal y perjuro, olvidando que él tampoco era un dechado de virtudes... El caso fue, que Catalina pagó los 'platos rotos', pues sobre ella recayó el disgusto de ambos, y hasta la posibilidad de un repudio apareció en las correspondencias de los siempre bien informados venecianos.

Sin embargo, poco a poco las aguas recobrarían su nivel, y en el último tercio de 1515, sin motivo aparente, una comisión del hábil rey aragonés arribaba a las playas inglesas con un espléndido e inesperado regalo para Enrique: Fernando enviaba al marido de su hija, tan sensible a este género de halagos, un valiosísimo collar de piedras preciosas, una espada ricamente guarnecida y dos magníficos corceles lujosamente enjaezados. Los ingleses, poco acostumbrados a tales desprendimientos, e influenciados por la reputación de interesado que siempre acompañó a don Fernando, no sabían a qué atribuir tanta generosidad. Hubo quien sospechó que se había vuelto loco y que 'chocheaba' como consecuencia de sus segundas nupcias, o bien, que tan preciados objetos eran una prenda anticipada por algún préstamo que se proponía solicitar.

De todas maneras, Enrique VIII no pudo reprimir su alegría, y aunque receloso de la sinceridad del remitente, encomendó a su esposa agradecer en su nombre el regalo. Catalina se apresuró a cumplir el encargo. En el *Calendar* aparece su carta fechada el día anterior al festejo de 'Todos los Santos', en la cual le dice al autor de sus días:

"Mi esposo es el hombre más orgulloso del mundo con la gran dádiva que Vuestra Alteza le envió. Todos en su reino manifiestan y reconocen que ha sido la mayor dádiva que ha llegado a Inglaterra."

Y en la posdata, la joven reina anunciaba tímidamente que "para después de la fiesta de la Candelaria —es decir, lo primeros días de febrero de 1516—, esperaba tener un nuevo hijo".

Si el monarca español recibió esta misiva fue, posiblemente, la última carta que leería de Catalina. El 18 de enero siguiente, Fernando, el rey católico, dejó de existir.

La lacónica noticia llegó a Greenwich cuando la Corte se hallaba esperando el parto de la reina. A Enrique VIII nunca se le vio impresionado por el suceso, al contrario, feliz como estaba con la próxima llegada del heredero varón, la noticia de la muerte de su suegro vino a liberarlo de una esclavitud intelectual a la que se veía sometido con las sutiles artes de aquel negociador por excelencia que dejaría perennemente grabado en el cuadro de honor de los regidores de los pueblos, el excelso nombre de don Fernando, 'el Político'.

Por orden del rey, se prohibió a los cortesanos y a todos los criados notificar a Catalina el fúnebre suceso, lo cual no fue difícil de cumplir, pues todos se encontraban entusiasmados con los preparativos del bautizo del príncipe que estaba en puerta.

El deseo de los ingleses daba por hecho que sería niño y que llegaría fuerte y robusto, con lo cual se redoblaba el afán de festejar el evento, envolviéndolo en la mayor magnificencia posible. Sin embargo, las opiniones y los comentarios para las celebraciones se habían dividido en dos grupos: uno, los que aceptaban que las designaciones definitivas, tanto en la comitiva como en la Iglesia, fueran dispuestas por los reyes. Otro, los que querían que el padrino de la criatura fuera el cardenal Wolsey, arzobispo de York.

Tomás Wolsey, que en los comienzos del reinado de Enrique VIII era casi un desconocido, había llegado rápidamente a ser tan poderoso como el rey. Empezó como su recaudador de limosnas, después fue canónigo de Windsor, y más tarde, el más joven de los consejeros del monarca (aun cuando le llevaba 20 años). Indiscutiblemente talentoso, gran polemista, amo del Consejo, muy pronto no tardaron en despuntar sus pretensiones de ser el brazo derecho del rey, quien lo ayudaría a convertirse en cardenal, y esperaba que después lo elevara hasta el Pontificado. Fue obispo de Tournay en 1513, de Lincoln en 1514, arzobispo metropolitano de York el mismo año y cardenal en 1515. Además, la suerte no le llegaba sola. Coincidiendo con la romana gracia del capelo, el destino le deparaba la más apreciada entre sus compatriotas: el gran sello de canciller del reino de Inglaterra. Tomás Wolsey, un rústico pastorcillo de Ipswich, ya que no podía ser rey, se había hecho digno de ser su compadre.

Por el otro lado, no andaban tan parejos los vaticinios respecto a quién sería la madrina. Las candidatas eran muchas, pero cuando se supo que la elegida era la duquesa de Norfolk, todo el mundo lo halló justificado, pues, además de que la dama pertenecía a la nobleza británica, estaba casada con Tomás Howard, íntimo amigo de los monarcas.

Los Howard gozaban de gran estimación en la Corte, y Tomás, particularmente se contaba entre las amistades más cercanas al monarca. Aun cuando se suscitaron —como era lógico— envidias y resentimientos por parte de algunas pretendientes desairadas, la elección se tuvo, en general, por un acierto, sobre todo porque el rey se había propuesto que en la ceremonia fraternizaran todas las tendencias partidistas; y como Wolsey no ocultaba su apego a las cancillerías alemanas y españolas de las que tanto apoyo se esperaba, era bueno equilibrarlas con las también proclamadas inclinaciones de la futura *goodmother*, a quien tenían por suya la diplomacia de Francia y la señoría de Venecia.

Fue unánime la aprobación del nombramiento de la aya, la institutriz, que recayó en Margaret Plantagenet, condesa de Salisbury, una honorable dama de sangre yorkista que como hija del duque de Clarence, hermano de Eduardo IV (abuelo de Enrique VIII) era parienta del monarca. Éste admiraba en ella, además de su intachable reputación como señora, su labor como madre de familia, pues había quedado viuda a los 32 años del noble provinciano Ricardo Pole, que le había dejado tres hijos. Su acierto en la esmerada educación que había dado a su prole era ya garantía de que Margaret, a quien Enrique VIII había agraciado años atrás con el condado que ostentaba, sabría ser asimismo rectora cultural y moral del futuro vástago de Catalina de Aragón, y con cuya rigidez de conciencia y espíritu elevado simpatizaba.

En cuanto a las otras designaciones, los reyes cuidaron no herir con su provisión susceptibilidades ni tampoco mostrarse parciales, a fin de que el hijo que estaba por venir entrase en el mundo rodeado de paz, y si fuese posible, del amor de toda la Corte

Todos en Greenwich aguardaban tranquilos e ilusionados el arribo del 'angelito' que venía a la Tierra sin la menor sospecha, por fortuna suya, de lo que en ella le estaba reservado. La espera no fue excesivamente larga, ya que la reina tenía anunciado el trance para después de la Candelaria; y la prórroga que se tomó la naturaleza no fue considerada de importancia. Así, pues, el lunes 18 de febrero de 1516, Catalina dio a luz... una niña.

Contra lo que pudiera temerse, Enrique VIII que seguía en su racha de buen humor, no dio muestras de inconformidad, al contrario, pareció en extremo satisfecho. Y cuando Giustiniani, el embajador veneciano, creyó ponerse a tono con los sentimientos del rey manifestándole que, aunque la Señoría de Venecia le enviaba su enhorabuena, hubiera preferido como él, que el nacido fuera un hijo. El rey, risueño, le atajó exclamando: "La reina y yo somos jóvenes aún. Si ahora fue una niña, pronto, con la gracia de Dios, la seguirá un muchacho."

Se prescindió de algunas celebraciones y festejos que se habían preparado en consideración al hondo pesar que embargaba a la soberana, a quien no se le pudo ocultar por más tiempo el fallecimiento de don Fernando. De todas formas, el rey quiso que la ceremonia sacramental se revistiese del máximo esplendor y alcanzase la mayor repercusión, no retrasándola tampoco por temor a que el clima de la estación impusiera luego una demora más larga. Por lo tanto, el bautizo se fijó para el miércoles 20, fecha indeleble en las crónicas de la comarca.

La ceremonia del bautizo

Desde muy temprana hora se poblaron las inmediaciones de la pequeña iglesia de los 'frailes grises', construida en los terrenos de la mansión real por concesión de Enrique VII. Ante uno y otro edificio —contiguos— se apiñaba una multitud de curiosos. De pronto, un gran revuelo arremolinó a la gente en las puertas del palacio, en donde permanecía la mayoría de los invitados: Su Eminencia, el cardenal Wolsey, se disponía a entrar rodeado de un inusitado fausto.

Enrique VIII, rey de Inglaterra y padre de María Tudor

Catalina de Aragón, hija de los Reyes Católicos de España y madre de María Tudor.

Era quizá la primera vez que Wolsey aparecía en público como cardenal y canciller del reino de Inglaterra, pero como aún no era delegado pontificio, llevaba alzada por delante una sola cruz, en vez de las dos que le precedieron siempre desde que se reputó permanente enviado de la Santa Sede; sin embargo, la de ahora, rebasaba por mucho a la multitud arrodillada, no sólo a causa de su desmesurada y brillante asta, sino por la gigantesca talla del crucifijo elegido para tal misión. Entre el crucifijo y su propio *coranvobis*, el arzobispo vestido de damascos y pieles, y rebosante de preseas, había puesto, sin duda, por pudor y respeto, una considerable distancia que cubrían docenas de eclesiásticos de todas las jerarquías: desde monaguillos hasta canónigos. Cerraban el séquito obispos, alzacolas, pajes, archeros con sus lanzas, sacristanes con incendiarios; y por delante y detrás, músicos y cantores salmodiaban al paso de la comitiva. Al ver a la muchedumbre que miraba embelesada, cualquiera diría que no era por conocer a la princesa recién nacida por lo que todo el país había salido de sus casas, sino más bien, por admirar al canciller recién purpurado.

A tono con la aparatosa presentación del arzobispo, se organizó la procesión bautismal entre el palacio y la capilla. La más encumbrada aristocracia inglesa se abría calle entre el gentío que se apelmazaba para ver pasar de cerca a los invitados. Pares, prelados, altos dignatarios lucían sus mejores galas y joyas. En contraste con el cardenal, predominaban en conjunto las vestimentas oscuras por ser éste el color que se requería para la indumentaria solemne.

Las damas, aun cuando resplandecían las piedras preciosas en sus tocados y escotes, vestían trajes de sedas labradas, y abrigos de pieles y terciopelos de línea sencilla y colores neutros. Se diría que todo conspiraba para no restar magnificencia al rojo subido y blancos armiños del cardenal Wolsey, y al atavío multicolor del rey, cuyo ropón, jubón, calzón, cinturón, gorra, botonaduras, vaina del estoque y collares, lo hacían ver como una figura "calidoscópica".

En la capilla, a fin de armonizar pretensiones y evitar disgustos, personajes como el duque de Norfolk y el de Suffolk —casado recientemente, por sorpresa, con María, la hermana del rey—, se instalarían en primera fila antes de empezar la ceremonia: uno a los pies, y otro a la cabeza de la catecúmena. Atrás irían con la jofaina de plata, Courtenay, primo del soberano por ser hijo de una hermana de su madre, con el cirio, Surrey —Enrique Howard—, y con el salero, Dorset, muy amigo de Wolsey. Y cuando hubo que desplegar el palio, asieron las varas los cuatro nobles, si bien uno de ellos fuera funesto advenedizo: Tomás Boley, padre de Ana Bolena.

Margaret Salisbury llegó portando en sus brazos con maternal cuidado a la hija del rey. La seguía Catania Courtenay, otra de las primas del monarca, como segunda madrina. Momentos después, la rubia y regordeta princesa de Gales, recibía las aguas bautismales y el nombre de

María, algo que sonaba a ¡Salve!, pero que también sonaba a España. Para la reina sería como un eco remoto de su infancia. Con ese mismo nombre, un año antes de nacer ella, bautizaron a su hermana, quien sería después reina de Portugal; su inolvidable compañera de juegos y estudios de la infancia. Y entre las tristezas que apenaban su ánimo, acrecentadas por la orfandad en que acababa de dejarla la muerte de su padre, le parecería que sobre las aguas del inmediato Támesis, cabrilleaba pasajero al conjuro del bautizo, un destello de aquel Sol que iluminaba allá abajo la adorada tierra en que cuajó su adolescencia.

Las primeras enseñanzas

Durante meses y aun años, Enrique VIII danzaba felizmente reteniendo a la pequeña princesa entre sus brazos. La besaba en público, y cuando la tenía consigo, permitía, sólo a sus servidores preferidos, que le besasen con reverencia las regordetas manos, y ella justificaba el entusiasmo paternal.

La pequeña María se parecía a Catalina en la mirada penetrante, en el perfil, en el color de la tez y en lo rolliza; y Enrique afirmaba que únicamente se asemejaba a él en cuanto a las tempranas muestras de inteligencia y voluntad. Al rey todo le parecía poco para ella. La rodeó desde el primer momento de una pequeña corte encomendada a la dirección de la condesa Margaret. Una parienta de ésta, Catalina Pole, era la nodriza; otra Margaret, lady Bryan, hermana de Tomás Bolena, la camarera mayor; y lo que en Castilla se hubiera denominado "la cámara" de la princesita, la formaron además un camarero jefe, un tesorero, un capellán y una doncella encargada del interior. Ningún esplendor regateó el monarca a su hija como reflejo de su propio yo. La "casa" de María costaba al Tesoro Real 1,400 libras anuales, y se dice que, más adelante, cuando la declaró princesa de Gales, la envió a tomar posesión de ese Estado "para que le gobernase como suyo", y que llevó con ella "una gran escolta de caballeros y de damas de honor". En todo quería el soberano que se hiciera ver el real rango de su hija.

Ningún hombre, por importante que fuese, podía besarla en las mejillas. Era obligado en su presencia llevar la cabeza descubierta y la gorra en la mano, y frente a ella, los cortesanos debían ponerse de rodillas. Por su parte, Catalina, que en su atuendo y su porte sabía llevar con todo realce su papel de reina, le enseñó que hay, sin embargo, a quienes no se les puede exigir que besen la mano de los príncipes, sino que son éstos los que deben besar las manos de ellos. Se refería a los ministros de Dios. Por lo tanto, desde que María empezó a tener uso de razón, aprendió que cuando fuera al palacio un 'fraile gris' ya canoso —el padre Juan Forest, que más que confesor de la reina fue su padre espiritual (*ghostly father*); uno de los frailes menores, quizás el prior de la vecina comunidad franciscana—, debía hacer una genuflexión ante él y depositar sendos ósculos en el cordón del hábito y en la nervuda diestra del venerable religioso. Pronto, la niña anglocastellana se percataría de que sus padres la educaban amorosamente para dos cosas: para ser princesa, y para ser cristiana.

Las enseñanzas inculcadas en el infantil intelecto de la princesa María como si fueran consustanciales con su persona, después la vigorizaron y sostuvieron hasta el postrer aliento de su vida. Desde muy pequeña, sentada en las rodillas de su padre, le oiría discutir con su padrino el cardenal y con el padre Forest sobre temas religiosos. Seguramente de su padre recibiría aquel impulso combativo para defender a la Iglesia contra los errores de sus enemigos. Por su parte, Catalina y Margaret Salisbury no le permitían dormirse ni saltar de la cama por la mañana sin rezar una salve a la Virgen, y la llevaban con frecuencia a los santuarios de Walsingham y Canterbury.

En aquellos tiempos no había inglés, y sobre todo Inglesa, que no fuera a Walsingham, un santuario mariano del condado de Norfolk, envuelto en un ambiente de leyendas que atraía a los fieles con la nombradía de su virgen milagrosa, y el tradicional supuesto de que un sepulcro allí venerado era el que un día ocupara el purísimo cuerpo de la madre de Dios. Esto y una cantidad de relatos sobre vasallos y reyes que fueron a arrodillarse ante la Virgen, le referían a la niña, su institutriz, la condesa Margaret, su nodriza y sus doncellas, completando el relato con la peregrinación que hizo su propio padre en 1511, a raíz del nacimiento del luego malogrado príncipe Enrique.

Y no sólo las personas que estaban al servicio de la princesita de Gales y le hablaban de Walsingham, moldearían su alma con las enseñanzas de la fe. La niña pasó los días de su primera infancia rodeada de las damas de honor que servían a su madre, entre ellas dos españolas que formaron parte de su séquito nupcial y que vivían en Inglaterra: doña Elvira Manuel, su aya de la infancia, y doña María de Rojas y Sarmiento (que por pertenecer a la casa de los condes de Salinas la llamaban doña María Salinas, que más tarde fue Lady Willoughby, la *patince* de Shakespeare, su fraternal amiga hasta la muerte). Ellas también eran fieles devotas de Nuestra Señora de Walsingham. Los cronistas de la época escriben que, en 1513, al final de la primavera, la reina Catalina que estaba encargada de la Regencia en ausencia de Enrique VIII, decidió ir a Walsingham con las damas de su corte:

"En Norwich se unieron a los palatinos, millares de peregrinos de los condados inmediatos. A excepción de la soberana a quien llevaron en una litera, todos fueron a caballo hasta el punto en que se divisaban las torres del monasterio franciscano, reconstruido por Enrique VII. En ese sitio dejaron sus monturas para caminar entre azafranares y sembradíos hasta la Iglesia, acompañados de coros de mujeres y cánticos de niñas, de gente que llevaba pendones con imágenes e inscripciones, y de la cofradía de los pescadores de arenques de Yarmouth con su imagen de San

Andrés, el de la cruz aspada en una mano y un pez en la otra bajo un dosel de oro... Detrás de todos ellos, iba la reina Catalina con el embajador español, el conde de Fuensalida, más un tropel de dignatarios y caballeros con 200 jinetes que eran mercaderes españoles de Londres."

En esa ocasión, subió al púlpito un franciscano, elocuente, inspiradísimo y notoriamente ilustrado, y la reina, pendiente de sus palabras, quedó tan bien impresionada, que sintió impulsos de felicitarle. Terminada la homilía, mandó por él, pero el fraile no acudió al llamado "por estar ocupado en cosas de mayor importancia". Más tarde la reina supo que el cura se encontraba curando a unos leprosos, por lo que resolvió ir personalmente a buscarle, y fue tal la empatía entre ambos, que Catalina designó al padre Forest para ser su confesor permanente.

Seguramente todo esto le contarían doña Elvira Manuel y doña María de Salinas a María a su vuelta, para que calara en la despierta perspicacia de la princesa. Gustaba ella que le hablaran en español (considerada como la lengua de su abuela materna Isabel la Católica).

La instrucción de María no se redujo solamente a fomentar en su alma el sentimiento religioso, ni a adiestrarla en la nativa lengua materna. La princesa hablaba español —aunque nunca llegaría a perfeccionarlo— porque siempre oyó rezar a su madre en ese idioma. Oró en católico desde que abrió los ojos, y aprendió a orar en inglés, por su padre. Pero además del familiar inglés, que naturalmente asimiló de viva voz, su precocidad bien dirigida la llevó a aprender latín, porque su madre también de pequeña aprendió con doña Beatriz Galindo las primeras nociones de latín, y quiso ser ella misma quien las transmitiera a su hija.

Urgía, en efecto, formar intelectual y socialmente a María Tudor, porque aún no 'gateaba' y ya andaban tras sus gracias sus pretendientes. En cuanto a maneras, nadie haría a sus padres un reproche de criarla para que fuera huraña o tímida, aparte de que su condición natural, de espontáneos arranques, proclamaba su desenvoltura. Un día en que se encontraban de visita los embajadores venecianos en el palacio, María, que tenía dos años entonces (1518), estaba presente. Uno de ellos relata la siguiente escena:

"Su Majestad hizo llevar a su hija, la princesa María, al salón donde nos encontrábamos reunidos, y entonces el reverendo cardenal, yo mismo y todos los demás señores le besamos la mano con más ceremonia aun que con la misma reina." (Hasta aquí la princesa había actuado como princesa, pero más adelante, la niña actuaría como niña.)

"Como entre los visitantes se hallaba Dionisio Memo, un reverendo sacerdote que era organista, y a quien ella conocía, le llamó imperiosamente en inglés con su aún no formada vocecilla: '¡Señor cura! ¡Señor cura!', como una marcada insistencia (y no paró de llamarle hasta que el interpelado, por lo visto como otras veces, se puso a jugar con ella). 'Señor Embajador' '*Domine Orator*' (se apresuró a exclamar en latín el rey como buscando explicación al acto tan poco etiquetero), ¡por Dios vivo! Ahí tenéis a una pequeña que no llora jamás'. El embajador replicó (acreditándose más de lisonjero que de profeta): 'Augusta Majestad, es que su destino no la reserva para verter lágrimas; ella será, incluso, reina de Francia".

Y no decía ningún desatino, porque por entonces la alegre criatura que interrumpía una recepción oficial para ponerse a jugar con su amigo, era ya la *novia oficial* del Delfín.

Dos compromisos matrimoniales

Muy aburridas debieron ser para la pequeña hija de Enrique VIII, las ceremonias que honraron su compromiso matrimonial con el Delfín. El rey preparó un magnífico escenario para formalizarlo el 5 de octubre de 1518. Ese día, el cardenal de York ofició una solemne misa, Tunstal pronunció el sermón, y el Almirante francés Bonnivet y el propio Wolsey, de conformidad con los reyes, colocaron en el dedo anular de María, una sortija nupcial con un hermoso diamante... Y la corte recordaría siempre que, terminados los actos rituales, la presunta esposa de 32 meses de edad, se acercó al almirante-embajador, y le preguntó: "¿Sois vos el Delfín de Francia?". Si lo sois, quiero daros un beso", dando muestras de un carácter franco y directo que no sería incompatible con el porte majestuoso que supo adoptar bien pronto cuando tenía que actuar como heredera de Inglaterra.

Desde muy niña, María siguió el ejemplo de su madre, que sencillísima, discreta, casi ascética en la intimidad de su hogar, debía proceder y mostrarse como reina cuando el deber lo requería. Cual la primera lució y vistió Catalina, en competencia con la reina Claudia de Francia el día en que, más adelante, asistió a la célebre firma de la alianza anglofrancesa en el Campo del Paño de Oro; deslumbradora apoteosis de la quebradiza amistad de ambas coronas, uno de cuyos broches parecía ser, precisamente, la planeada boda de María Tudor.

Aquella celebración por el compromiso matrimonial de María fue una sucesión de torneos, bailes, cantos y banquetes. Los reyes de Inglaterra y de Francia rivalizaron en todos los campos: en danza, en tiro de arco y hasta en el boxeo, tomándolo tan en serio, que alguna vez hubo que separarlos. Pero sería aún mayor su afán de competir, cuando en las jornadas de junio de 1520, los dos reyes hicieron un gran despliegue de fastuosidad de sus respectivas cortes: cuatro mil personas entraron en el campo de Ardres a orillas meridional del Paso de Calais, formando el séquito del soberano de Inglaterra; 1,200 jinetes de ambos sexos dieron escolta de honor a Catalina de Aragón; 50 gigantes con enormes mazas de oro rodeaban a Wolsey, y banderas, estandartes, carpas con guarniciones de brocados sostenidos por lanzas de plata refulgente, cubrían el espacio acotado para actores y comparsas de la gran farsa, rebosante de derroche tanto como de insinceridad. Quizá más adelante, cuando las doncellas y criados de la princesita de Gales —primero en Richmond, donde se hospedó, y luego en Ditton Park, que era por entonces su habitual residencia— le describiesen todos aquellos sucesos, ella acabaría por comprender cuán alto debía de ser el precio de su mano ya que, al comprometerla, vaciaban de ese modo el fondo de sus arcas, reyes y vasallos de dos tan grandes pueblos.

Para el festín se sacrificaron 22 mil carneros, 800 terneras, 340 vacas, y se vaciaron todas las bodegas del contorno para rociar las viandas con burdeos, borgoñas e hipocrás. Y con la convivencia y las libaciones entre tantas ceremonias y recíprocos miramientos, se derribaron las barreras del protocolo. Más tarde, Catalina referiría a su hija, cómo había hecho las genuflexiones, los saludos e inclinaciones de cabeza que estaban prescritos para ella y para la reina Claudia cuando se acercaran, y cómo actuaron Enrique y Francisco cuando ratificaron con un juramento los convenios de perpetua amistad que acababan de pactarse. Madre e hija, quizá para no exponerse a ser sacrílegas, conscientes ambas de lo insustancial de todo aquello, concluyeron por soltar la carcajada y abrazarse entre broma y broma.

Parece fácil imaginar lo que estaba pensando Enrique VIII mientras el festejo estaba en su apogeo. Su enfermiza pasión por la ostentosidad parecía saciarse en la contemplación de tan coloreado concurso en el que veía a Francisco I pavonearse entre tantas bellezas; pero seguramente lo que más le ufanaba como rey de Inglaterra, era haber logrado tan importante alianza que le confirmaba, a su juicio, en su ansiada posición de árbitro de Europa.

Lo que realmente resaltó de todo aquel bullicio, fue la rivalidad entre Carlos I de España —elegido recientemente emperador de Alemania—, y Francisco I de Francia, vencido por el nuevo Carlos V en sus pretensiones al trono imperial. Y ya equilibradas en poderío las fuerzas francesas con las españolas, era notorio que sólo con inclinarse a uno o a otro lado, el soberano inglés tenía a su servicio el triunfo. Enrique VIII, que confundía la astucia con la hipocresía, y la diplomacia con la deslealtad, cotizaba transparentemente su influjo, declarándose al mismo tiempo amigo de los dos monarcas continentales.

Sin duda, el rey de Inglaterra creía haber impresionado y conquistado a Francisco I con los actos mayestáticos y ruidosos que se ofrecieron en su honor, así como con el trato familiar que ambos reyes se procuraron, tanto en las competencias como en los desenfrenos orgiásticos del Campo del Paño de Oro. No obstante, ni Enrique VIII ni Wolsey, perdieron contacto con don Carlos, el sobrino tan querido de Catalina, y aún no se apagaban las luces de Ardres, cuando ya por todo el continente —a pesar de la discreción de los cancilleres y de los disimulos cortesanos— corría acreditadísimo el rumor de quién se casaría, cuando fuera tiempo, con la princesita inglesa de poco más de cuatro primaveras. No sería Francisco, el pequeño Delfín francés, sino el imperial mozo que parecía estar de moda en el mundo: don Carlos de España, emperador de Alemania, rey vencedor de gloriosos empeños en uno y otro hemisferio.

"¡Ha triunfado la reina Catalina, su tía!" —proclamaban aquellos que tenían la certeza de que a la madre le exasperaba el supuesto de que su hija, su tesoro, fuera a enriquecer la corte francesa.

"¡Vencimos los partidarios de la guerra! —exclamó lo más florido de la nobleza británica, ansiosa de resarcirse en la fértil campiña francesa de los dispendios a que les obligó el encuentro del Paso de Calais, al cual, según cierto escritor, "gran número de señores llevaron sobre sus hombros sus molinos, sus bosques y sus prados".

¡"Wolsey es quien ha vencido definitivamente!" —opinaron de manera más aguda los que estaban al tanto de las idas y venidas del cardenal-canciller que, mientras se fraguaba la fiesta de confraternidad anglofrancesa, contaba los votos que necesitaba para el próximo Consistorio, y donde esperaba lograr la Mitra Pontifical tan pronto como muriese León X, concluyendo que mientras Francisco de Francia sólo podría procurarle a lo sumo los sufragios de 14 cardenales, seguramente Carlos de España le tendría 17 o 18 a su devoción.

Tenía don Carlos en su corte partidarios entusiastas y malintencionados detractores. Estos últimos decían que el emperador era descuidado en el vestir, que sus trajes eran viejos y descoloridos, y que se tocaba con feas y deslucidas gorras. "No por economía —señalaban—, sino por falta de atención. Monta en cualquier cabalgadura y se echa sobre los hombros capas averiadas y apolilladas." También comentaban que era hijo de una loca y de un alcohólico (Juana la Loca y Felipe el Hermoso); que no era hermoso como éste, y sí retraído y melancólico como su madre; y que le daban convulsiones y hablaba gangoso por no poder cerrar la boca. Toda clase de reparos y apodos despectivos salían de la boca de los inconformes cuando se veían en el caso de pronunciar el nombre del emperador electo.

Mas el emperador, por lo pronto, tenía ganada la partida. Antes y durante los festejos del Paño de Oro, Wosley había proseguido la intriga española que, al cabo, tomó forma documental en el convenio que en los archivos ingleses está registrado como *Treaty of marriage between Charles, Emperor elect, and the Princess Mary* (Contrato de matrimonio entre Carlos, emperador electo y la princesa María). Lo firmaron en Brujas, el 25 de agosto de 1521, Margaret de Austria y Juan de Berghes como apoderados de Carlos V, y el propio cardenal Wosley en nombre de Enrique VIII. Durante el tiempo de *inmaturity* de la impúber princesa, su imperial prometido no contraería otro matrimonio, y tan pronto como ella cumpliese los 12 años, Carlos se comprometía a casarse con ella *per verba de presenti*. Hasta tal época el rey de Inglaterra no prometería en casamiento a su hija, y don Carlos gestionaría ante el Papa las dispensas. En su día, Enrique VIII enviaría a María, ya sea a Brujas o a Bilbao, según fuera la residencia del novio.

Otras cláusulas regulaban el pago de la dote, y establecían que el pacto se ratificaría cuatro meses después ante un juez, dos notarios y el procedente número de testigos. Además, como el documento establecía una alianza ofensiva y defensiva entre ambas partes, y el emperador-rey quedaba obligado a trasladarse en la primavera desde Flandes a España y preparar desde ahí la guerra al francés, se declaró estrictamente secreto lo convenido. De todos modos, en junio 1522, ya era público que la Majestad del emperador, después de coronado en Aquisgrán, regresaría a España sin pasar por Francia con la que tenía fuertes conflictos. En cambio, llegaría a Inglaterra, visitaría a su tía Catalina, y ajustaría paces oficiales con Enrique, selladas con la promesa personal de matrimonio entre Carlos y la princesa María.

En la corte inglesa se dividieron las opiniones en cuanto a los pretendientes de la futura reina. Había quienes preferían al Delfín y expresaban su enojo, incluso, en presencia del rey; y aquellos que estaban de acuerdo con la decisión y que difícilmente reprimían su júbilo.

Sólo dos personas en la corte recatarían cautamente su impresión: la institutriz Margaret, y la reina Catalina, que si siempre fue prudente y reservada, más aún habría de serlo a raíz de la instrucción del proceso que llevó al caldazo a su pariente, el duque de Buckingham, uno de sus más resueltos partidarios. Dicen los textos de la época, que ella se escapó de ese proceso "en atención a su elevada cuna y a sus virtudes". La reina no habría de ser tan torpe, si tan dolorosas experiencias no le hubieran enseñado a reprimir sus primeras impresiones, por placenteras que fuesen.

Madre e institutriz cuidaban esmeradamente que ni las adulaciones ni los oropeles desviaran a la princesa de los senderos de conformidad con la voluntad del Altísimo. Todo hacía suponer que María llegaría a ser emperatriz y reina, mas ni había de enorgullecer a la niña, ni confiar con los ojos cerrados en que los plazos fijados para tan lejanas fechas se vencieran. Por lo pronto, María debía jugar, saltar, correr y reír y, a lo sumo —puesto que mostraba disposición para ello—, ejercitar su oído y agilizar sus dedos en las cuerdas del laúd y en las teclas del virginal (clavicordio). María tenía un instintivo sentido del ritmo y la armonía, y con todo y su pulso tembloroso, asombraría a los comisionados franceses cuando reprodujo ante ellos, "teniendo en cuenta su infantil y tierna edad" en esos instrumentos, algunos de los acordes que su padre le enseñó para acompañar la letra de la piadosa antífona ¡*O Lord Maker*!

Una vez, sin embargo, fue obligado rodear a la princesa del nimbo imperial. Su prometido esposo pasaría por Inglaterra para ratificar los acuerdos de Brujas. Enrique VIII, encantado con ser tío y casi suegro del monarca más famoso de Europa, volvió hacer acopio de derroche empeñándose en financiar la jornada desde que el emperador pisara tierra inglesa. En Greenwich le esperaba Catalina y su hija "con mucho amor", según él mismo, escribió a España. La recepción oficial en Londres fue brillante y muy cordial, pero los días que siguieron se ensombrecieron al precipitarse los sucesos que desembocaron en la ruptura de las hostilidades: la guerra, que iniciara Enrique VIII, hizo indispensable el regreso inmediato de Carlos V a España. En adelante, el emperador no cesaría de luchar con Francisco de Francia en los campos de batalla o en las asechanzas de la diplomacia, hasta que, separándoles, la muerte del 'rey Champagne', "herido por las damas en el alma y en el cuerpo", puso fin a la enconada emulación de los dos implacables competidores.

Para despedir dignamente al emperador, toda la corte se congregó en Windsor, afinándose ahí las ofertas y juramentos. Para revestirlos de mayor emotividad, y además, para decirle adiós a su prometido, llevaron al castillo a la princesita de Gales, en cuya mano derecha donde antes luciera la sortija que le enviaron de Francia, Su Majestad

Imperial, Carlos V, descubriéndose la cabeza, le colocó galantemente su anillo de políticos esponsales. Y para observar en todo la tradicional etiqueta, el emperador besó paternalmente los labios infantiles de la novia.

Poco después, el emperador se alejó de Windsor con el rey, quien le acompañó hasta Antona (Southampton), y en María desapareció el personaje para seguir siendo la niña, sin que nadie sepa decir hasta cuándo y hasta dónde caló en su memoria y en su corazón, la remembranza grata de aquel lampiño príncipe de 22 años.

Don Carlos, en cambio, se fue sin haber visto en la regia chiquilla otra cosa, que una cláusula juguetona, adicional a los arreglos con su padre. De buena gana le hubiera ofrecido a la niña su cetro y su corona por si le divertía jugar con ellos; pero la niña era excesivamente niña para hacer que él olvidara que, muy lejos, a las orillas de la desembocadura del Tajo, otra prima hermana, guapa y avispada, más apropiada a su edad, lo esperaba dispuesta a compartir con él los gozos del amor. Catalina, por su parte, aunque radiante de felicidad viendo estrechar los vínculos de amistad entre su marido y su sobrino, se preocupaba por los sentimientos de su hija más que de los propios, y quiso, desde luego, evitar siembras de vanidad que pudieran fructificar en cosecha los desengaños. Margaret Plantagenet debería volver en seguida a Greenwich con su educanda, en donde la princesita correría por los prados, jugaría con muñecos, y se divertiría son sus bufones y enanas. Pronto llegarían los días de enseñanzas más serias y de ocupaciones formales. Hasta entonces, y mientras se pudiera, María Tudor no haría ni pensaría en otra cosa que no fuera rezar a sus horas, chapurrear sus tres idiomas y tararear canciones de cuna y salmos angélicos, tañendo el clavicordio con sus deditos, aun cuando luciera en ellos pregón de compromiso, un anillo imperial.

De la infancia a la adolescencia

María Tudor creció lejos de los asuntos públicos y de los sucesos privados, aun cuando le concerniesen.

No fue fácil, por ejemplo, que la niña no se enterase de los intentos fallidos de Wolsey para ascender al trono pontificio, y probablemente ello influiría en su pensamiento por tratarse de su padrino, el que la bautizó en Greenwich. En efecto, poco antes de la visita de Carlos V a Inglaterra, el canciller inglés pretendía ser el nuevo Papa, pues acababa de fallecer León X. Como no estaba muy seguro de ser electo, procuró que cuando menos lo patrocinaran Enrique VIII y el emperador español, llegando hasta proponer a don Carlos que enviara sus tropas italianas a Roma para imponer al Cónclave de forma indirecta, su candidatura. El emperador esquivó hábilmente tal compromiso, y frente a frente lucharon para la elección las dos corrientes que había entre los cardenales: una, la de los jóvenes, decididamente favorables a Julio de Médicis, sobrino y candidato *in peto* del Pontífice difunto; y otra, la de los viejos, a quienes cualquier aspirante parecía aceptable con tal que no perteneciera a la tan discutida familia florentina.

Sin embargo, Wolsey, por inglés, por demasiado político, por joven aún, sólo obtuvo siete votos en los primeros recuentos. De manera inesperada apareció el nombre de un tercero: Adrián de Utrecht, preceptor flamenco de Carlos I y su regente en España, en quien, por su relación con el emperador y la fama de sus dotes y virtudes, se concentró rápidamente la unanimidad de los votantes, y aunque a ello resistiera al principio el antiguo deán de Lovaina no queriendo cambiar de nombre, figuró al cabo entre los papas con el suyo de Adriano VI.

Wolsey aceptó resignado la designación de Adriano, resuelto a esperar pacientemente por la siguiente, ya que al nuevo Papa, por edad y por salud, le auguraban poco tiempo en el trono pontificio. Así pues, continuó devotísimo del rey de Inglaterra y del emperador, actuando con mucho celo en los arreglos de Windsor. Sin embargo, el cardenal inglés volvería a equivocarse: Adriano VI sucumbió al peso de sus achaques y preocupaciones poco más de un año después, y al cabo de los 50 días que tardaron los cardenales en ponerse de acuerdo, resultó elegido el candidato que menos deseaba: Julio de Médicis (Clemente VII), quien contaba con 45 años. Todo indicaba que la mitra se alejaba para siempre de la ya canosa cabeza del arzobispo de York.

El cardenal atribuyó su fracaso a ingratitudes y perfidias de España y Roma. Éstos hallarían desde entonces en él un vengativo y rencoroso adversario. Después de tantos rechazos, en María, su ahijada, influirían los altivos desplantes de su padrino, aun cuando ella no lo advirtiera todavía; quizá pensaría que andaba malhumorado.

De algo más se percataría la heredera del trono sobre dos sucesos íntimamente relacionados con su derecho a serlo. Algún tiempo más tarde vería en la corte a un chiquillo delgado, vivaz, de quien decían en tono confidencial, enanos y doncellas, que era hermano suyo. Lo vería de lejos acompañado de Isabel Blount, la hija de Juan, el guardia real. Lo llamaban "Fitzroy" (sobrenombre que se les daba a los hijos naturales de los reyes), y no la dejaban jugar con él... Aunque después de todo, ¡apenas si había hijos de nobles y servidores que se peleaban para alternar con ella!

Casi tanto como candidatos para heredar a su padre, sus mentores cuidaban con prudencia encariñarla demasiado con la diadema real. Una opinión extendidísima, alegando precedentes históricos, sostenía que ninguna mujer debía sentarse bajo el dosel de los soberanos ingleses, y menos aún que empuñara las riendas con mano fuerte de varón. Subsistían, además, las pretensiones de ramas cercanas: Jacobo V de Escocia, primo carnal suyo, como hijo de Margaret, la hermana de Enrique VIII; los Grey, que, como descendientes de María, la otra hermana del rey, aventajaban a los demás en proximidad de parentesco. Y aún quedaban los representantes de la Rosa Blanca que gozaban de cierta popularidad: el marqués de Exeter, y la propia aya de la princesa, la condesa de Salisbury, con sus hijos los Pole. Siendo tantos, ¿qué podría interesar a la pequeña María que hubiera un aspirante más a la Corona? Seguramente las apariciones intermitentes como furtivas de Enrique "Fitzro" y no perturbaron sus tranquilos sueños infantiles.

Por otra parte, todo era novedad y distracción para María. Cada cambio de residencia de la corte hacía olvidar la anterior. Cada cara nueva borraba en su retentiva el perfil de la que vio la víspera, sobre todo si aquel agudo William Somers, el 'loco', el bufón del palacio, le hacía fijarse en cualquier chusco detalle del recién llegado.

Eso sucedería, por ejemplo, el día que hizo su presentación en palacio cierta jovencita procedente de Francia, que los maldicientes cortesanos llamaron 'la yegua inglesa' o 'la mula regia', atribuyéndole excesivas complacencias con el rey Francisco. Era vivaracha, de talle flexible y gentil, aunque de senos pequeños; tenía facciones graciosas, ojos expresivos y tez amarillenta, como ictericiada, y ademanes desenvueltos. Su aspecto aniñado justificaba que a aquella hija de Tomás Boleyn no le calculasen más de 15 años, aunque en realidad, tendría ya entre 20 y 21. Sin embargo, varios defectos llamarían la atención de la niña María: un diente saliente, una hinchazón como papera en el cuello —que daría origen a la moda de los cuellos altos—, y unas manos bellísimas, pero en una de las cuales sobraba un dedo, o por lo menos tenía uno con doble falange.

La descendiente de los Boleyn, que dado el matrimonio de sus padres era ya toda una Howard por línea materna, entró con el pie derecho al servicio de la reina. Hasta sus hábitos, sus modales exóticos, adquiridos en Francia y de su cuñada Margaret de Valois, encontraron imitadoras y admiradoras en la conservadora aristocracia inglesa. Catalina cuidaría de no fomentar el trato de la precoz Anne

Boleyn —que más tarde se convertiría en Ana Bolena para los historiadores Europeos— con la aún inocente María. Quizá por un secreto instinto, ella apartaba a quienes habían de ser después las proclamadas abanderadas de dos escudos inconciliables. Pero lo que a la Historia le interesa consignar es que, a juzgar por lo que de ello se sabe, se hizo desde el principio entre ambas, si no un abismo de infranqueable aversión, un vacío de recelosa indiferencia.

En síntesis, para Ana Bolena, María Tudor fue en aquellos años, un objeto más de cortesía en las habitaciones donde ella era *lady in waiting* de Catalina; a lo sumo, un freno recurrente para las licencias de sus pláticas. Para la princesa-niña, la reina usurpadora del mañana no pasaba de ser una de las damas de honor que la estorbaban cuando quería besar a solas a su madre. Pero eso sí, la distinguía de otras, porque era 'la damita de los seis dedos'.

De la misma edad de Ana Bolena eran las hijas de sir Tomás Moro, a quienes María profesaba una cordial simpatía. Tomás Moro era un abogado muy prestigiado en Londres, amigo de Enrique VIII y su fiel y leal consejero. Mimada por el rey de quien era entonces la niña de sus ojos, María lo acompañaba de visita a la casa de sir Tomás, primero en Crossby-hall y después en Chelsea, su casa de campo. Cuántas veces en el declinar de su fortuna y de su vida, no añoraría María Tudor aquel tiempo y reconstruiría en su memoria la figura de sir Tomás paseando con su padre por los jardines, hablándole siempre correcto, elocuente, alegre. Tomás Moro era un hombre de estatura mediana, acaso algo desnivelado de los hombros, de tez pálida y ojos grisáceos. A ese recuerdo en aquella casa, en aquel jardín y en el huerto, se uniría el del primero de sus maestros, fundamental en su vida: Juan Luis Vives, el pedagogo valenciano que vivía en Flandes, quien cuando estaba en Londres, era un asiduo visitante de esa casa, donde en torno a su propietario, dialogaban y controvertían los teólogos y filósofos más renombrados de Inglaterra.

A Luis Vives confiaron sus padres desde el alborear de su instrucción, el cometido de formar a María intelectualmente como preceptor de sus estudios y director de los cauces de su cultura.

Vives había llegado a Inglaterra detrás de su fama; fama de pensador, de lingüista, de educador, de hombre bueno. El rey, convencido de su erudición, le había asegurado que no le faltaría nunca ni su favor ni su voluntad, y como preceptor de María, le asignó una pensión. La reina —que igualmente le incluiría pronto en la nómina de sus pensionados fijos— debió mostrar desde primera hora con tal vigor su voluntad de patrocinar a Vives, que éste, al poco tiempo de llegar, le dedicaba uno de sus estudios, aclamándola "patrona única". Tiempo atrás, cuando sólo por referencias se conocían, Luis Vives había escrito en 1523 junto a los canales burgenses, su tratado *De insitutione feminae chistiane* que dedicó a Catalina: "Os ofrezco —decía él— esta obra a Vos, la más excelente y graciosa reina, de la misma manera que un pintor os ofrecería vuestro retrato."

Y fue a través de ese retrato como se inició la influencia de su autor sobre la futura reina María, no sólo porque en la dedicatoria decía a la madre: "Leed estas advertencias a vuestra hija", sino porque, según declaraba paladinamente, en la personalidad de la soberana había encontrado el modelo cuya imitación recomendaba a la niña, exhortando luego a Catalina señalar estas frases:

"Habebunt igitur feminae omnes, ut por vitam et actiones Tusa exemplum sic per hoc Tibi dedicatus opus, preacepta etet rationem vivendi: utumque debeunt probitate Tuae, qua et Tu sic vixisti et ego ad scribendum impulsus sum."

Ésta era la brújula que había de fijar para María Tudor, desde pequeña, el derrotero de su vida ulterior. El *sic vixisti* que envolvía en un nimbo de perfección a su progenitora, significaba para la hija un "así has de vivir", casi con tan imperiosa fuerza de obligar como un undécimo mandamiento. María tenía siete años.

De institutione feminae christianae es un conjunto de deberes y obligaciones para la mujer cristiana. Vives por un rasero mucho más amplio que otros moralistas de su época y aun posteriores, establecía conceptos como los siguientes:

"La niña ha de formarse para el hogar, aunque sea princesa o reina. No es de mi agrado la mujer que no sepa hacer cuanto sea necesario en su hogar. De pequeña, más que con su madre, que sólo le contará fábulas moralizadoras, coserá, hilará y guisará. Las jóvenes no saldrán solas ni hablarán demasiado, pues la reputación de una señorita pende de un hilo de araña, pero pueden concurrir a fiestas domésticas y —aunque es opuesto a los bailes de máscaras y danzas impúdicas— no abomina de los de figura ni de comedia en que no haya perjuicio a tercero."

Todo ello, por supuesto, compatible con el amor a la ciencia, pues "un corazón lleno de amor al saber, tomará horror a vanidades y pensamientos frívolos". "Ha de tenerse, no obstante, esmerado cuidado con las lecturas, especialmente con los libros." En cuanto a regalo e higiene, combate los excesos y ensalza el requerimiento de agua clara.

Del deber de las casadas, esboza su perfil con trazos tan nítidos, que es imposible que la niña regia los olvidara. Vives presiente la convivencia de la esposa con un marido bueno. Para él, todas las atenciones serán pocas: "Complázcale la mujer en todo, alimentos, bebidas, menaje, ropas..., cosas —dice— fútiles en la apariencia, pero frecuentemente de consecuencias grandes, porque el espíritu de los hombres mueve no por el valor intrínseco de las cosas, sino por el aprecio que de ellas hacen".

Siempre el marido ha de hallar grata la casa a su retorno. "Si cuando quiere algo de ti —señala, encarándose con una beata— le respondes que quieres ir a la iglesia o a hacer oración, sabe que tus pasos no serán gratos a los ojos de Dios... Estas cosas que tocan al servicio del marido las quiere Dios más de lo que tú puedas darle a Él sin habértelo Su

Majestad mandado." Es más, aunque la mujer no debe gastar superfluamente (pues "hay mujeres que dejan la camisa a su marido y sus hijos con tal de ir ellas bien vestidas"), debe asimismo vestirse para él y como a él le agrade. Y si el esposo sale malo, no hay que desmayar. Ya lo dijo San Pablo: "Al marido infiel, la mujer le santifica." Y nada de celos, "perturbación cruel, tirano inhumano". Si tienes un marido irrazonable, no te quejes ni aun a tu madre: Dios, la Iglesia, tus padres te lo han dado. Hay que llevar con paciencia aquello de que no podemos librarnos. Debes amarle, honrarle, bendecidle... con un solo límite: "Obedécele en todo, salvo en las cosas contrarias a la Ley de Dios."

Todo esto le enseñarían a María Tudor casi antes de aprender a leer. Y con la vista puesta en el preocupante y sublime apotegma llegó hasta el trono: en él luchó y en él cayó rendida como se verá después. La que, cuando niña, hizo de tal sentencia el dogma de su vida, no podría sospechar que, por tratar de acomodarse a él, la afrentarían sus enemigos por terca, por irreducible, por fanática.

En 1523 María no estaba aún preparada para que la mayoría de las enseñanzas de la "Institución" marcaran su impronta en su intelecto. Pero más adelante la reina Catalina cuidaría que releyera esas máximas cuidadosamente. Después tomaría esa misión Tomás Linacre, el gran lingüista, humanista consumado y experto médico. No se sabe a ciencia cierta cuáles fueron las funciones de este maestro que envió Sir Tomás Moro al lado de la hija de los reyes, a cuyo servicio murió poco después. Lo que sí consta, es que terminó sus *Rudimenta linguae latinae*, y los dedicó a la regia alumna. Para sustituirlo, llegó Luis Vives.

Luis Vives iba y veía de Oxford a la corte, pero su residencia en esta última no era lo bastante continua para permitirle la dirección personalizada de los estudios de la princesa, por lo que la reina le encomendó que concretara en un instructivo de fácil manejo su dictamen sobre lo que, a modo de primeras letras, debería grabar en su inteligencia virgen la pequeña aprendiz. Y éste fue el origen del opúsculo breve y sustancioso denominado *De ratione studii puerilis,* de cuya génesis y propósito el mismo autor da razón en una carta dirigida a la soberana:

"Me habéis ordenado escribir un sucinto plan de estudios de acuerdo con el cual siga vuestra hija María su enseñanza, guiada por un educador. Y puesto que se ha escogido para profesor suyo un hombre sobre toda ponderación ilustrado y honesto como convenía, fijaré los detalles como si los señalara con el dedo. Él desarrollará el resto de la materia."

Parece ser que el instructor, así elogiado por Vives, era Juan Fehersone, y a él o a quien fuere, quedó encomendada la adaptación del plan al tiempo, aplicación y prácticas que hallase en la educación. En este plan, Vives recomienda para la princesita de siete años, las lecturas de Séneca, San Jerónimo, Plutarco, Valerio Máximo, Justino, Floro y la... ¡Utopía de Tomás Moro! Y a Tomás lo tuvo a su alcance, cerca de ella en la edad de la transformación de niña a mujer, a su lado para su enseñanza viva y para su aleccionamiento espiritual.

Hechos y deshechos

En la época preadolescente de María Tudor, no se puede dejar de lado la figura del cardenal-canciller Wolsey, debido a que la princesa constituyó para él una de las más valiosas piezas del ajedrez de sus ambiciones y sus despechos.

Como se ha visto, fueron obra del cardenal los sucesivos tratos para casar a la presunta sucesora de Enrique VIII, primero con el Delfín, y después, con el emperador Carlos V. Sin embargo, el prelado buscaba la oportunidad para cobrarse el doble desaire que le hiciera el Cónclave por culpa de Carlos, su inspirador a juicio de Wolsey. Desde ese momento haría todo lo posible —solapadamente— por deshacer la boda del emperador con la hija de Catalina de Aragón.

Secundando torcidos propósitos del rey, quien ponía reparos a la legítima filiación de María, empezó su juego, porque Catalina, como ya se dijo, había estado desposada con Arturo, el entonces príncipe de Gales, hermano mayor de Enrique VIII, y aunque se obtuvieron para el segundo enlace las tan necesarias licencias pontificias, parecía que no eran válidas, lo cual equivalía a tachar de incestuosa a los regios cónyuges, y a María bastarda; oportunidad para que el cardenal-canciller pudiera satisfacer sus deseos de venganza.

Enrique VIII, ingrato e incontinente, decidió impugnar la legitimidad de su matrimonio con Catalina, respaldándose en dos cláusulas confusas y contradictorias del Deuteronomio (quinto libro del Pentateuco de Moisés), las cuales se referían a las nupcias entre cuñados. Después de argumentos, discusiones y escándalos que no encontraron ninguna resolución y que no hacían al rey de nuevo soltero, ni a María heredera o no de la corona, Wolsey salió ganando. Con tal pretexto, el cardenal de York viajó, intrigó, revolvió, brindó o retiró la mano al propio rey, según le conviniese si le conseguía su soltería, y asimismo la de su hija, más o menos solicitada según fuera sucesora legítima del trono.

A esto se unieron los deseos de Carlos V por casarse pronto, así como otros sucesos de importancia como: el estado crítico que guardaba la guerra hispano-francesa, engalanándose para España con los laureles de Pavía; la intervención en Roma de las tropas imperiales del Condestable de Borbón; y la indecisión del comprometido Pontífice en orden al tema del divorcio de los soberanos ingleses. Tales sucesos nos pueden dar una idea de la intrincada red en la cual resultó atrapada la inocente María Tudor

Sin embargo, el común amor por la niña, queriendo preservarla de esas adversidades en el umbral de la adolescencia, coincidió con la decisión de llevarla a vivir lejos del palacio. Se eligió como residencia de la princesa de Gales, el sombrío castillo de Ludlow, ubicado en las lejanas fronteras de su principado, a orillas del Terne, satisfaciendo al propio tiempo aspiraciones y conveniencias de los galeses. Y hasta allá fue a instalarse la corte de María, sin perder, en absoluto, el contacto con la casa de sus progenitores.

En seguida se empezaría a murmurar que la boda imperial se había deshecho y que el primo Carlos se casaba con la prima portuguesa. Wolsey, que se lo estaba temiendo, haría que le leyeran a la muy joven María un borrador de una carta suya, la cual fechó el 7 de abril de 1525 y dirigió al embajador inglés de España. A ella adjuntaba una esmeralda engarzada en un anillo de oro. Reproducimos el texto de la mencionada misiva:

"Os envío esta esmeralda, que mi Señora, la princesa María, remite al emperador a la vez que sus más cordiales y humildes recuerdos para él. Decidle al entregársela, que ha sido Su Gracia quien ideó este regalo como un medio de conocer mejor (cuando Dios les conceda la dicha de estar juntos) si Su Majestad le guarda la continencia y constancia que ella con el favor de Dios, le guardará. Podéis añadir que el amor que profesa a Su Majestad ha producido en ella una pasión tal, que hasta los mismos celos la confirman, ya que éstos son uno de los mayores testimonios y pruebas del amor."

La carta era inverosímil dada la edad que tenía María. Wolsey se había pasado de listo, y el transparente artificio para tantear la voluntad del emperador no dio resultado. Carlos V recibió al embajador con la mayor afabilidad, no hizo la menor alusión a lo de los supuestos celos, colocó en el dedo meñique de su mano derecha la sortija diciendo que la usaría "por amor a la princesa", y mostrando marcado interés por la salud, desarrollo, instrucción y demás de su futura esposa, no dejó el menor cabo suelto al que pudiera asirse al cardenal, para atribuirle delicadezas o vacilaciones con el propósito de llevar a término lo convenido con Enrique VIII. Al contrario, insistió en su deseo, ya expuesto antes, de que María fuera trasladada a España o a Flandes para que, bajo inmediatas instrucciones, se le educase más adecuadamente a su ulterior destino de soberana de tales países.

Es probable que Carlos V, ya sea porque no viese claro en la retorcida política internacional de Enrique VIII —asesorado por el canciller—, o bien, porque los españoles exteriorizaran su anhelo de que se casara ya. Buscaba un pretexto que le desligase de un matrimonio tan desigual por la edad. Pero a lo que no estaba dispuesto el rey de España, era a que le achacaran la responsabilidad de la ruptura y de sus repercusiones en Europa. Aun cuando sospechara que Enrique VIII no le estaba jugando limpio, encomendó a su embajador en Londres, Luis de Praet, averiguar qué había de cierto en los rumores de que una comisión de escoceses pretendía la mano de María para su rey Jacobo V. Se decía también, que otros emisarios de Enrique trataban el enlace de la princesa con el rey Francisco de Francia. Para asegurarse de que el rey inglés respetará el contrato matrimonial, solicitó que su novia fuera *nurtured and educated* cerca de él en idioma español, y con apego a los hábitos del que había de ser su imperio. Pero en esto, Enrique VIII se mostró intransigente: María "era su único tesoro y el de su reino", y en modo alguno, consentía en separarse anticipadamente de ella.

De todas maneras la ruptura sobrevino, y cierto día le retiraron a María la sortija que un día colocara el rey de España y emperador de Alemania en su dedito de la mano derecha. El 10 de marzo de 1526, viniendo de Rinconada, Carlos V atravesó Sevilla seguido de un fastuoso cortejo, para recibir la bendición nupcial en el Salón de Embajadores del Alcázar, que habría de enlazarle con su otra prima, Isabel de Portugal, una de las más bellas y codiciadas princesas del mundo.

Por esas fechas, María Tudor, con nueve años de edad, felizmente se ocupaba de sus estudios. Todo Ludlow giraba alrededor de su enseñanza y de su formación, tanto intelectual como moral. La vigilaban directamente la condesa de Salisbrury, su institutriz, y Juan Fethersone, su profesor, rector, examinador e intérprete de las normas pedagógicas de Linacre y de Luis Vives.

Para que la institutriz, el tutor y los directores administrativos pudiesen amoldarse a los deseos de los reyes, se les procuraron unas instrucciones que, aunque como emanadas de Enrique VIII, el historiador F. V. Madden sospecha que las inspiró principalmente el amor maternal de Catalina.

En su *Privy purse expenses of the Princess Mary*, Madden escribe que la condesa Margaret, gobernadora de la niña augusta, prestará gran atención, cual toca a la confianza que Su Alteza el rey depositó en ella, a todo cuanto hace referencia a la persona de la princesa, su honrosa educación e instrucción y virtuosa conducta. "Ello comprende –puntualiza– la consagración del tiempo debido a Dios, fuente de toda gracia y bondad, y al uso moderado del ejercicio a horas convenientes para tomar el aire en los jardines y lugares saludables y sanos que puedan procurarle salud, recreo y bienestar." Se recomienda la música, algo de danza, latín y francés sobre todo; y en cuanto a alimentación, no sólo ha de ser sana y bien preparada, sino "dispuesta y servida en compañía alegre, aunque siempre honorable y virtuosa". En suma, Margaret Pole habrá de prevenir y vigilar todo a fin de que "cuanto rodee a Su Alteza sea puro, suave, neto y saludable".

Catalina, resignada, tendría que dejar en manos ajenas tanto esmero como había sido ministerio y deleite de las suyas, hasta que imperiosas consideraciones aconsejaron su aislamiento. María había sido para ella una discípula de la que tenía razón para enorgullecerse. Cuando poco antes de deshacerse la boda imperial, fueron de Flandes unos emisarios con la consabida pretensión de que les confiaran a la princesita para educarla bajo la tutela de Margaret de

Austria —pretensión para cuyo logro llegó Wosey a pedirles en garantía "algunas ciudades y fortalezas de los Países Bajos"—, se maravillaron de que la preclara jovencita les hiciera una discretísima recepción y contestase en latín a sus saludos con tanta sencillez y aplomo, como si tuviera 12 años.

La reina estaba satisfecha en cuanto a su sustitución en la enseñanza literaria. Apenas separadas, le escribiría en inglés a María:

"Me agrada mucho que me sustituya el profesor Fethersone, porque con él aprenderéis a escribir correctamente. No obstante, de vez en cuando, me gustaría que escribieses composiciones propias y vuestras, y que cuando él las haya leído, me las envíes para poderlas leer yo también, porque me causaría gran satisfacción ver que aprendéis bien vuestro latín y que escribís claro."

Por su parte, Vives, aunque desde lejos, no dejaba de contribuir a la erudición de la princesa de Gales. Se había trasladado a Brujas para casarse, y ahí fechó, en julio de 1524, su *Satelitium animae vel Symbola,* dedicado a *D. Mariae Cambriae, Principi Henrici Octavi Angliae Regia filiae*; trabajo algo extraño, apto para exaltar las despiertas imaginaciones de los niños ilustrados de entonces, familiarizados con el simbolismo mitológico. Contiene 239 preceptos morales que pueden servir como lemas o divisas del escudo, tras del cual es forzoso abroquelarse en las contiendas de la vida; satélites que deben seguir a las almas en su órbita terrestre; símbolos cristianos cual los que adoptaban los gentiles para distinguirse en pugilatos y circos. Juan Luis Vives los había ordenado y comentado a ruego de Catalina, y los ofreció a la princesita a modo de guirnaldas de flores.

En su dedicatoria y contenido, Vives decía: "*Ego vero a Matre Tua, ynclita et sanctisima femina rogatus, satellitium circundabo animo Tuo*" (Muchas veces vuestra ilustrada y santa madre, me ha pedido que os provea de una defensa más positiva que los soldados y los arqueros); "*hay para el alma mayores peligros en los vicios internos que los que amenazan al cuerpo con ataques externos. Y os envío más de 200 guardias que yo he llamado símbolos"*. En realidad eran sentencias o emblemas morales que, según él, podían sustituir con ventaja en un príncipe cristiano, a las empresas aterrorizadoras: leones, osos, panteras, serpientes, dragones, águilas, que ostentaban antes los príncipes paganos. Pero en sentir de su preceptor, María ni siquiera precisará de ellos: *"Su Alteza no necesita más que la Ley de Cristo presida todos vuestros actos y vuestra vida privada, como lo sois en cuanto a princesa en círculo de la corte; y podréis alcanzar este ideal si imitáis el ejemplo de vuestra Madre..."* —¡Siempre la Ley de Cristo! ¡Siempre la imagen de Catalina!

No cumplía María aún 11 años, cuando ya se exteriorizaba lo que se llamó "el secreto del rey", aunque pronto fue un secreto a voces. La supuesta irregularidad de las bodas regias, que tanto Enrique VIII como el cardenal Wolsey impugnaban para facilitarle al rey otras nupcias de mayor provecho dinástico o internacional, implicaba la bastardía de la princesa y, por lo tanto, depreciaban y envilecían el comercio de su inocente mano, con la que, al propio tiempo, no cesaban de negociar.

Es cierto que Enrique VIII, ya fuese por hipocresía, por cálculo, por afecto, o acaso por un poco de aquella hombría de bien de que tanto presumía, al comienzo del conflicto tuvo el deseo de compaginar sus ansias de liberación matrimonial con las máximas consideraciones a su mujer y a su hija. De ahí que el cardenal Wolsey, durante años, acarició la esperanza de arbitrar medios para que, aun volviéndose a casar el rey, ni Catalina perdiera el rango de reina ni María recayera de su legitimidad, pues aunque engendrada *in ellicito coitio*, había nacido *bona fide parentum*. Pero ni tales medidas podrían prevalecer, ni una vez desbocado el irrefrenable Enrique VIII, iba a supeditar su testarudez a miramientos y melindres.

Él deseaba volver a casarse, y no con quien quisiese Wolsey, sino con quien a su real voluntad se le antojase. Sin embargo, en este tiempo, el caso no era todavía materia de escándalo público, y es de suponer que las doncellas y demás servidoras a las órdenes de la condesa Margaret, favorecidas para ello por el aislamiento en que habitualmente vivía la corte de la princesa de Gales, tendrían la caridad de ocultar a su señorita los preludios del bochornoso espectáculo que iba a dar Inglaterra en toda Europa, por culpa de su señor padre. Pero era lógico que desfilaran ya noticias y rumores de todo tipo.

Se subrayaban, por ejemplo, las crecientes muestras de protección con las que el rey distinguía al hijo de la Blount (lady Tallboys, y posteriormente lady Clinton), que culminaron en hacerlo duque de Richmond y dotarle de un servicio de príncipe. Se hablaba de que Wolsey intentaba descasar al rey y casarlo con la princesa Renata de Francia. Se comentaba sobre los estragos que en Alemania estaba haciendo la rebeldía de Martín Lutero y sus enfrentamientos con el Sumo Pontífice; del atropello y saqueo de la capital del catolicismo por los soldados del Condestable y flaco servicio a Carlos V según unos, eminente según otros, porque le metieron en el bolsillo al Pontífice, tan solicitado por ingleses y franceses.

Sin embargo, había muchas personas en el palacio Ludlow que, dando por descartada la posibilidad de que la aludida y absurda pretensión de Wolsey prevaleciese, mantenían la confianza en el *statuto quo*, y dejando de lado esos temas de conversación, convergerían en halagar a la princesita deletreándole nombres y circunstancias de la media docena de reales o hipotéticos pretendientes que, de vez en cuando, sonaban como posibles candidatos para casar a María Tudor.

Entre ellos sobresalía el nombre del monarca francés, pero su candidatura sufría los altibajos de la política y de las guerras. A raíz de haberse visto obligado a firmar el Tratado de Madrid que lo ligaba en casamiento a Leonor, la hermana del emperador, el cardenal Wolsey, pretendiendo deshacer ese trato, había enviado al doctor Clarke con el encargo de ofrecerle la mano de María "la perla del mundo"; y Francisco I se vio obligado a oponer a la insistencia del doctor una rotunda negativa: "No se canse usted —le dijo— en abogar por ese asunto. Yo conozco bien la educación de la princesa, su compostura, su elegancia, sus bellezas y virtudes, el padre y madre que tiene... Tengo de ella el más alto concepto que de otra mujer. Mas me he comprometido con Leonor y no soy libre, como ella no rehúse."

Esto no impediría, sin embargo, que meses después, en marzo de 1527, se celebrase en Richmond un espléndido banquete en honor de ciertos embajadores procedentes de Francia, presididos por el obispo de Tarbes con una misteriosa misión que parecía que involucraba a la hija de Enrique VIII. Se dice que fue una suntuosa fiesta durante la cual, las miradas de todos los comensales se recreaban en la gentil figura de la princesita, cuyas 11 primaveras sobresalían sobre sus joyas y sus galas.

No se dio oficialmente razón alguna del porqué de tan desacostumbrado festejo, y hubo un visible propósito de no dar al ágape, sino las proporciones de un obligado agasajo a los emisarios del monarca francés, con quien en ese entonces, el rey inglés y su canciller sostenían relaciones diplomáticas, aun cuando se pudo advertir el notorio afán de realzar ante los franceses los méritos de la niña regia. Ante ellos, en audiencia especial, María habló y escribió en francés y latín, tocó el clavicordio y, cuando se organizó el baile, lo hizo con tanta perfección, que si bien el vizconde de Turena que danzó con ella y ponderó mucho sus no comunes dotes intelectuales, la halló tan delgadita e infantil todavía que, según él, no podría casarse hasta pasados tres años. El rey, por su parte, deseoso sin duda de que sus visitantes apreciaran todos los encantos de su hija, bromeó con ella, y en un movimiento inesperado, le arrancó riendo la redecilla de oro con la que recogía sus cabellos, los cuales cayeron en deslumbradora cascada rubia sobre sus hombros.

Todas estas coincidencias fomentaban los comentarios en los corrillos palatinos y diplomáticos, dando pie a quienes husmeaban en los asuntos privados de la Cancillería, para que confirmaran su sospecha de que se estaba tramando algo en que entraba por mucho la suerte ulterior de la princesa de Gales.

Parecía que Enrique VIII estaba resuelto a liquidar toda su vida pasada, pero le preocupaba el porvenir de sus dos hijos. No le inquietaba el futuro de Catalina, quien, a su juicio, debería entrar a un Convento y hacerse monja; y si no era así, él procuraría que ella sufriera lo menos posible las consecuencias del incesto en que habían vivido. Quería que María y Enrique 'Fitzroy' estuvieran protegidos de toda contingencia, antes de que se diera el escándalo de sus nuevas bodas, en las que no dejaba de pensar. Al hijo de la Blount, pensaban su padre y Wolsey, hacerle rey de Irlanda; a este efecto, el monarca y María renunciarían a todos sus derechos a la verde Erín y, de manera simultánea, la hasta entonces princesa de Gales, ya en perspectiva de dejar de serlo como consecuencia de un segundo matrimonio de Enrique, sería en breve la prometida oficial del rey Francisco de Francia, quien siempre informal, desconocía el Tratado de Madrid que implicaba sus bodas con Leonor.

Tan habituada estaba María Tudor a que su padre dispusiera de ella a su antojo, que al recibir la noticia del reciente plan, seguramente la tomaría de manera indiferente. Este proyecto matrimonial, quizá podría cuajar o deshacerse como los anteriores. Y su incipiente juventud no conservó de la farsa de Richmond más remembranza, que la de haber dado ocasión a lo que luego se pudiera llamar su 'presentación en la corte', día en que lució por primera vez, un atuendo de princesa casadera, sin que todavía los sucesos del exterior afrentasen con dejos de ilegitimidad el contorno de su augusta silueta de princesa, abrillantada por el esplendor de sus presuntos derechos al trono de San Eduardo.

El jardín del sabio

Mientras lejos de palacio Enrique VIII y el cardenal Wolsey se encontraban muy ocupados en los avances, dilaciones y tropiezos por los que pasaba el ruidoso expediente del divorcio de los reyes, María en el interior de su castillo, recibía lecciones de libros, como las de Vives... y lecciones de cosas, como las que aprendía a través de ruidosos pactos, rupturas y murmuraciones... Pero más que nada, lecciones de vivir en el bien, aprendidas de manera natural de los dos modelos ponderados de manera constante por Juan Luis Vives: la reina Catalina, y el sabio Tomás Moro "*the most learned man in the kingdom*", según frase de Eustaquio Chapuys, embajador de Carlos V. Porque por azahares del destino —o por la gracia de Dios— en los años de su desarrollo físico y espiritual, junto con su madre y maestra, se movía cerca de la perspicaz princesita la por todos venerada personalidad del celebre pensador y virtuoso varón, a quien, por ser ambas cosas, llamaban sus amigos 'el Platón de Chelsea'.

Sir Tomás More (Moro para los españoles de entonces), ni por temperamento ni por cálculo tuvo nunca idiosincrasia ni apetencias de cortesano. Le introdujeron en la corte el rey y el cardenal; aquél, porque su vanidad no podía consentir que figura de tal magnitud quedase fuera de su reino; éste, porque prefirió tener a su lado, un hombre cuyo consejo influía tanto en la opinión pública. Ellos fueron quienes encumbraron al modesto jurista desde la investidura local de *under sheriff* de Londres, hasta la dignidad de canciller del reino de Inglaterra. La austeridad de este sabio, su trato afable, su propensión a la justicia, su don de consejero, el desinterés para con los clientes pobres, su negativa a encargarse de pleitos turbios, el altruismo con que negociaba transacciones y litigaba numerosos y largos pleitos, hacían de Tomás Moro un ciudadano excepcional.

Muy pronto, Moro, por derecho de sus méritos, tendría un lugar en el Parlamento. Este antiguo y aplicado alumno de Canterbury College, *lawyer y barrister* formado en New Inn y Lincoln's Inn; amigo fraternal de Erasmo de Rotterdam desde que éste asomó por Inglaterra; estudioso y meditabundo huésped durante cuatro años de la celda de los cartujos, con un crucifijo como único adorno y los libros por toda compañía; que un año antes de nacer la princesa María (1515) por acuerdo unánime de los comerciantes de Londres, fue a Flandes para poner término a sus diferencias con los de los Países Bajos, al volver, seis meses después, traía ya compuesta su "Utopía".

El éxito de su misión, la repercusión del ingenioso libro y la creciente fama de moralista y de su culto estilo, llamaron la atención del rey, quien ya le conocía porque como abogado de la Santa Sede, había ganado un pleito contra la Corona con un aplastante informe en una sesión pública a la que asistió el monarca. A tan formidable contrincante había que granjeársele y, como no fuera eficaz la oferta de una pensión que el notable abogado declinó, el cardenal-canciller, deseoso también de sumarle a su devoción, se extremó en la labor de captación, ponderándole los grandes servicios que podría prestar, y lo "muy apreciados que habrían de ser para Su Majestad".

Tan altas y reiteradas ofertas culminaron en el nombramiento de vocal del Consejo Real, que Moro consideró ya imposible resistir. "Nadie hizo nunca —escribe Erasmo—, tantos esfuerzos para ser admitido en la corte, como los que él hizo para librarse de entrar en ella." Y el propio sir Tomás decía a su gran amigo, el obispo Fisher: "He entrado en la corte absolutamente contra mi voluntad, como lo sabe todo el mundo, incluso, el mismo rey, que con frecuencia, aun en medio de los deportes, me ha hecho polvo en cuanto a ellos; y aquí me manejo con la incapacidad de un hombre no acostumbrado a cabalgar, torpemente sentado sobre su montura".

No pasaría mucho tiempo para que Tomás Moro se adueñara de las riendas, demostrando que era jinete para las más difíciles empresas: *Master of Requests* (encargado de examinar solicitudes al rey); diplomático al servicio de quebradizas misiones en el Paño de Oro, en Brujas, junto con Wolsey, para tratar con Carlos V; *Exchequer* o tesorero del reino; negociador de las paces con Francia; canciller del ducado de Lancaster; *High-steward* de las Universidades de Cambridge y de Oxford; consejero íntimo de Su Majestad, a veces maestro, otras, secretario, y en ocasiones, colaborador del monarca. Enrique VIII logró finalmente incorporarlo de una manera tan estrecha al Palacio, que se enorgullecía de tenerle a su disposición a toda hora. Sería para él, humildísimo y el más obediente de sus súbditos, pero reservándose preferentemente a Dios. "*The King's good sevant, but God's first*" —diría, como dijo el día de su martirio.

Desde entonces, sir Tomás vivió permanentemente en palacio, y si de vez en cuando se escapaba a su casa de Chelsea en demanda de aislamiento y del amor de su familia, no tardaba la barca del rey en atracar frente a la fachada, ya para recatarle y llevársele a la corte, ya para que Enrique charlase con él entre los árboles de aquel jardín.

María, pegada siempre a su padre durante su infancia, oiría entonces al señor y vasallo departir sobre los temas, inabordables para ella, del más profundo saber y las incógnitas más insondables del humano ignorar. El rey y la reina —quizá por sobrellevar mejor una situación ya tirante entre ellos— enviaban por el inimitable conversador, para que les distrajese con sus ingeniosas palabras y les agraciase a la vez con las enseñanzas de su dilatada erudición, embobando a su pequeña hija que procuraba cosechar algún fruto en el fértil huerto de la Minerva de aquel íntegro y creyente hombre de ciencia, siempre llano y deferente, tan celebrado por todos, en quien su padre, su madre y Luis Vives, veneraban el prototipo de la virtud y de la sabiduría.

Cuando, ya mujer, María Tudor le evocase entre sus recuerdos de niña, se le aparecía en ellos como la reminiscencia de un señor bondadoso que jugaba con ella en el jardín de su casa de Chelsea, bromeaba con los reyes, cuidaba sus bichos, entendía de estrellas y de lenguas, cuchicheaba a veces con Catalina, y cuando discutía de dogma o de liturgia con el rey, echaba siempre por delante su propósito de acomodarse a las enseñanzas de la Iglesia y de servir en todo a Dios. Éste era, sin duda, el Tomás Moro que la princesita veía de cerca, pero había además, el Tomás Moro cuya reputación de fuera llegaba hasta ella. Había quienes le loaban por su acendrada fe, por sus talentos, o como estadista; quien penetrando tras las paredes de su patriarcal morada, le admiraba por sus virtudes domésticas, y también por su celebradísimo ensayo *La Utopía* (creación de un Estado ilusorio al que atribuyó un gobierno ideal), reputado desde su aparición como la concepción genial de un originalísimo talento cristiano. Cuando María niña abrió los ojos a la luz de la ilustración, no había en torno a ella labio osado que se permitiera poner en duda que el autor recomendado por Vives, como pensador y como hombre, era una de las inteligencias más preclaras que enorgullecían al Olimpo de Inglaterra.

Justificada estaba, por tanto, la captación que de sir Tomás hicieron Enrique VIII y Wolsey, y notorios éxitos corroborarían el acierto. Embajador a su pesar y mal pagado, autor de la paz de Cambray, fue desde entonces el candidato favorito para mediar o arbitrar en toda situación comprometida. A ello se debió sin duda, que se contase con él para vocero (*speaker*) de los Comunes en el Parlamento de 1525, al cual pensaba el rey pedir subsidios extraordinarios. La rectitud de sir Tomás resintió cuanto pudo el intento, pero al cabo, viéndolo a punto de prevalecer, volvió a imponer sus condiciones. Como servidor del rey y amigo del canciller, les advirtió que si aceptaba el cargo, lo serviría aun cuando fuera contra las miras del uno y del otro, y sólo con venia para ello aceptó. Bien pronto, la grave cuestión de los subsidios acreditaría su visión y su tacto. Sin éste, hubiera sido ineludible el choque entre el Parlamento y la Corona. Wolsey, ostentoso y arrogante, pidió dinero, obteniendo sólo por repuesta un glacial silencio. Y como el cardenal no se diera por vencido, pidió que al menos se le contestase el vocero, "nuestro fiel y sabio representante". Entonces, Moro dobló la rodilla ante el canciller, e irguiéndose de nuevo le dio una respuesta negativa como vocero de los Comunes. Fue un acalorado alegato en pro de las prerrogativas de la Cámara, después del cual el asentimiento se hizo patente en los semblantes de todos los miembros de la misma, y el canciller, visiblemente contrariado, giró altivo sobre sus talones y se retiró.

Cuando por la noche fue Moro a informarle, 'echaba chispas': "Ojalá —le dijo a Wolsey— hubierais estado en Roma cuando se me ocurrió que fueras vocero". "Creo lo mismo —replicó imperturbable sir Tomás—." Y como si diera el asunto por terminado, cambiando de conversación, se puso en seguida a elogiar su galería de cuadros: "Me gusta extraordinariamente más que la que reuniste en Hampton Court." Eludida con tanta habilidad una discusión enojosa, al cabo de unos días, cuando la tempestad parlamentaria se hubo calmado, se logró el subsidio perdido, aunque algo atenuado. Fue éste un éxito rotundo del diestro hombre de Estado. Tan contento quedó Wosey que, al terminar la Cámara Popular sus tareas, propuso al rey que se otorgase a su presidente una remuneración extraordinaria. "Hombre ninguno —decía en la propuesta— hubiera servido como él sirvió... y me permite recomendárselo a Vuestra Gracia, porque él no es de lo más solícito para hablar ni para instar en su propia causa."

Libra a libra había ganado con sus desvelos su bienestar, mejor dicho, el de los suyos, sus amigos y sus pobres. Su bolsa no era embalse, sino canal distribuidor. De sus bienes materiales sólo se consideraba depositario a las órdenes de Dios.

Cuentan los cronistas de la época, que una vez se quemaron sus graneros y almacenes, en los cuales con su trigo ardió el de varios vecinos que se lo habían confiado. Moro, al servicio del rey, estaba en Woodstock, y desde allí escribiría a su mujer una carta recomendándole paciencia: "Puesto que Dios ha querido enviarnos esa suerte —escribe el sabio— no sólo debemos estar contentos, sino alegres de Su visita. Él nos envió lo que nosotros hemos perdido, y puesto que Él quiso tomárnoslo de nuevo, Su voluntad debe ser colmada. No murmuremos de ello, sino tomémoslo a buena parte y démosle cordialmente las gracias... Su sabiduría conoce mejor que nosotros lo que es bueno para nosotros mismos. Por lo tanto, te pide que cobréis ánimos y, reuniendo a todos los de la casa, vayan a la Iglesia y en ella den gracias a Dios, tanto por lo que nos había dado como por lo que se llevó... Si Él desea tomarnos aún algo más, que Su bendita voluntad sea hecha."

¡Cuántas veces en sus conversaciones con la princesita de Gales, repetía sir Tomás los mismos conceptos plenos de ternuras, de enseñanzas y de buen decir, que son gala de la correspondencia con sus hijas! "Nada de extraordinario tendrá que ustedes vayan al cielo —les decía—, pues en torno a vosotras, todos son buenos ejemplos y consejos; siempre han visto la virtud premiada y castigado el vicio; así, que suban a él como si las llevaran de la barbilla." "Pero hoy no hay que pensar —les escribió en otra ocasión— en remontar al cielo en un lecho de plumas. Nuestro Señor mismo no ascendió a él sino sufriendo, y los servidores no han de ser más afortunados que el amo." Y cuando les hablaba de sus estudios, se congratulaba especialmente de sus progresos en Astronomía: "Felices ustedes que en un mes y con poco esfuerzo aprendieron tantas maravillas de la obra poderosa y eterna descubierta por los sabios tras muchas generaciones, y después de largas y frías noches escrutando el firmamento despejado con intensa tensión y labor." Moro siempre hablaba del cielo, el de los ángeles y el de las estrellas, pues era el Norte hacia el cual enderezaba las miradas de cuantos seguían sus directrices.

Moro guiaba con sus directrices y sus ejemplos. Su vida era una lección en cualquier hora. Tanto como su ciencia, resplandecían su piedad, su humildad, su modestia, su respeto al poder, su acatamiento a las jerarquías, espina dorsal del orden en la Iglesia, en el Estado, en la familia. Por eso, cuando —como se verá luego— fue elevado a la dignidad de Canciller de Inglaterra en cuanto recibió la investidura, en un impulso instintivo se precipitó en busca de su padre, decano de los jueces de la *City*, para prosternarse ante él y recibir sobre su frente, trazada por los nerviosos dedos del anciano, la señal de la Cruz. Este acto inicial de una costumbre —poco la comentarían en torno de María Tudor— lo observó él desde entonces reverente, a la vista de curiales y alguaciles. Ni una sola mañana cuando se encaminaba a su despacho, dejó de entrar a recibir la bendición del autor de sus días. Del autor de sus días... después de Dios.

Éste era el arquetipo de perfección moral; así era el módulo de equilibrada firmeza, recomendado como dechado digno de imitación por su preceptor y por su madre —y al principio hasta por su propio padre— a la todavía presunta heredera del trono de Inglaterra.

Segunda Parte

La Mujer

El hogar deshecho

Durante muchos años Enrique VIII, su padre, fue un ídolo para María Tudor, y era lógico, pues parecía quererla entrañablemente, demostrándoselo con frecuencia. Además, su madre, su padrino Wolsey y sus amigos más íntimos como Tomás Moro, se encargaban de encarecérselo constantemente.

Nadie arremetió con más ahínco contra Martín Lutero que el rey de Inglaterra. Apenas Lutero retó a la Iglesia con *El cautiverio de Babilonia,* Enrique saltó a la defensa de Roma, y su famoso *Assertio* fue inmediatamente calificado como el 'libro de oro' por el cardenal Campeggio. Sus diatribas contra el fraile sublevado, *fraterculus, doctorculus, sanctuculus, erudituculus*; la valentía con que rompió lanzas en pro de la indisolubilidad del matrimonio; su encendida argumentación en amparo a las prerrogativas de la Santa Sede, exasperaron de tal modo a Lutero, que arremetió furioso contra él, contra la legitimidad de su casamiento y contra la validez de las licencias que le autorizaron contraer nupcias con la viuda de su hermano.

Y hubo que oír entonces la calurosa réplica del rey, la indignación con que a toda hora defendía la absoluta corrección de su consorcio, así como la potestad del Pontífice para autorizarlo y la santidad intangible de su vínculo matrimonial. Se aceptaba todo lo que hiciera y dijera el rey, a lo que Lutero contestaba con toda clase de insultos.

La princesa de Gales, confinada en Ludlow con su corte, no conocería ni entonces ni en los siguientes cinco años, exabrupto alguno de la disputa sobre la vida conyugal de sus padres. A lo sumo, todo ese alboroto le legaría la impresión sintética de que Enrique era el monarca preferido de Roma, y de que había en Alemana un fraile réprobo que quería descasarlo porque faltaba tal o cual pequeñez en su expediente matrimonial.

Se decía también que Catalina era la soberana más querida en la historia de Inglaterra. De Enrique VIII hubo viajeros italianos que lo elogiaban por apuesto, elegante, erudito y noble: "Paréceme -escribió uno de ellos— que la naturaleza, al crearle, hizo cuanto pudo por obsequiar con un modelo de varonil belleza a nuestros tiempos." Sin embargo, ciertos rumores suscitarían en María esa instintiva percepción de que algo anómalo sucedía y que es típica en todo menor observador y despierto.

En esa época María veía poco a su madre porque ésta viajaba mucho. Se iba a Fotcheringay o a Eltham o a Ampthill, casi siempre sola, sin el rey; y cuando permanecía en palacio, hablaba persistentemente con su confesor, el padre Forest, en voz baja. María la veía llorar y rezar a todos los santos y vírgenes. Ella pedía a su hija que rezara por ambas en las *brigitinas* de Syon, y la niña iba Isleworthal, el oratorio preferido de su infancia, y al lado de los fieles que visitaban la capilla y de los maestros de Oxford. Pedía a Quien todo lo sabe... aquello de lo que sólo sabía que la reina quería que pidiese.

Mas poco a poco la venda se iría cayendo de sus ojos. De deducción en deducción, preguntas e indagaciones mudas, la indujeron a la conclusión de que, si Catalina oraba ansiosa y suspiraba desolada, era porque ya no podía dar a

Enrique el hijo varón, pesadilla creciente del monarca de Inglaterra: el príncipe que le sucediera en el trono. Pero Catalina lloraba también, porque posiblemente su hija nunca luciría la diadema real; lloraba por el rey, por su amor y por su casa conyugal desbaratada.

Parecía que al calor de la disputa con Lutero, se renovaron en el espíritu del rey añejas dudas sobre la licitud de su matrimonio, aunque al principio de la controversia fue el paladín más resuelto de su legalidad. Igualmente se le metió en la cabeza que el trono inglés no era trono para hembras. De pronto el 'Defensor de la fe, tomó el papel de expositor, intérprete y árbitro de su causa, y fue en ese tiempo cuando se cruzó en su camino, Ana Bolena.

No se puede concretar cuándo ni cómo sobresaltaron la inexperta inocencia de María Tudor los acontecimientos que precedieron al divorcio de sus padres. Unos, los vería; otros, se los referirían cuando ocurriesen; de los demás se enteraría después de que hubiesen pasado, aun cuando Margaret Salisbury tratase de evitarlo a toda costa.

¿Cómo no iba a llegar a ella, el supuesto y monstruoso plan que, incluso, fue y vino en correspondencias con Roma, de casarla con Enrique 'Fitzroy', su hermano? ¡Ésa sí hubiera sido una extraordinaria dispensa si se hubiera otorgado —como parece que alguien pensó— a cambio de que Enrique desistiera de la infamia de su divorcio! Y hubo otros muchos planes para María, aunque más verosímiles, hasta que consumada la felonía de su padre, llegó a ser poco menos que nada. Fue candidata a reina de Francia dos o tres veces más..., duquesa de Orleáns..., y duquesa de Milán.

La separación de sus padres la desconcertaba enormemente, tan apegada a las enseñanzas del *De officio mariti* de Vives. Esas reglas —pensaría ella— no podían ser la causa de la desilusión de su padre por su madre. Varios años se trataron antes de casarse y después congeniaron: Enrique fue, al menos, muy considerado con Catalina; ella, aun apartados lechos y casas, le amaba sinceramente. Es más —dice un cronista de la época –, "ya andaban desavenidos, cuando él se contagió de una fiebre (*swating seekness*) y la ex esposa le cuidó y mimó, llenando de reconocimiento el corazón del paciente".

El propio marido proclamó más de una vez, fingiendo contrariedad, que su fiel cónyuge no dio nunca pretexto para su desvío. Por eso, ya fuese por hipocresía o sinceramente, temeroso en todo caso de que su pueblo tomase partido por la Catalina si él la vilipendiaba sin motivo, le dio tantas vueltas a su deseo de no fundar su resolución de divorciarse en nada que rozase la reputación de la reina, y a aquel absurdo empeño de ser legítimamente libre, que le mantuvo su rango de soberana y a María el suyo de princesa real. Posteriormente, si María conoció los términos en que el monarca habló de su esposa ante los prelados que por primera vez examinaron lo que él planteaba como un caso de conciencia, tendría fundamentos de sobra para ufanarse de un padre muy respetuoso con su esposa y de una madre invulnerable hasta para los más apasionados ataques. Cuando "el asunto gordo" (calificado así por los primeros que intervinieron en él) había dejado de ser confidencia de sacristías y objeto de murmuraciones entre los sirvientes y doncellas del palacio, cierto día de 1527, el rey reunió en York Place, residencia del cardenal Wolsey, a los prelados, y ante ellos, expuso en forma de consulta su problema íntimo, cuidándose muy bien de guardar los máximos respetos para la 'inocente mujer' que, según él, 'pecó por ignorar que ambos estaban mal casados'.

Al año siguiente, expuesta su querella a la luz pública, el rey habló del caso ante otra asamblea de nobles, cortesanos y burgueses: "Resulta demostrado – dijo – que puedo lícitamente continuar cohabitando en matrimonio con la reina, y nada me sería personalmente más grato. He sido tan feliz en él – proclamaba – que volvería a escoger a Catalina entre todas las mujeres del mundo. Pero si se prueba que fue nulo el matrimonio, no habría sino deplorar mi mala suerte. Me separaré de la mujer que amé y atormentaré mi conciencia con el pensamiento de haber vivido 20 años en el pecado más grave, que es el de fornicar." Esto decía Enrique VIII, animándose con el recuerdo, cuando veintitantos meses antes, le confesara a Wolsey que Ana Bolena, la dama de honor de su mujer, "tenía el alma de un ángel y un talento digno de una corona".

Sin embargo, todos estos acontecimientos con sus respectivos comentarios no llegaron entonces a los oídos de María, quien dejaba la infancia y comenzaba a ser mujer. Aún existían muchas trabas para dar por hecho el divorcio de los reyes.

En este punto, entra en escena Juan Fischer, rector de Cambridge y obispo de Rochester, regente de la Diócesis más pobre del reino, por no haber querido nunca cambiarla por otra mejor. Concienzudamente estudioso, dueño de la biblioteca más selecta y copiosa, resistente a todos los halagos del poder público, ejemplarmente virtuoso, asceta tras el pectoral, espíritu férreo en cuerpo prematuramente caduco, el antiguo capellán de Margaret Beaufort, condesa de Richmond y madre de Enrique VII (abuela de Enrique VIII), gozaba de tal prestigio, que sus dictámenes tenían fuerza de fallos.

Todos coincidían en que cuando Fisher formulaba un juicio, lo sostenía pertinaz, obstinado y terco, con la terquedad que arraiga en la convicción y con la pertinencia envidiable de quien sabe que cumple con su deber. Denodado custodio de la autoridad pontificia, cuando en unión con sir Tomás Moro emprendió la defensa del rey frente a los discursos de Lutero, sus argumentos y sus contraataques dialécticos, salían disparados, uno tras otro, contra el frente herético como las flechas de un arco siempre en tensión, por lo que tratados y tratados explotaban entre las filas enemigas con fragor de bombardeo.

Desde su *Sacro Sacerdotii Defensio*, hasta el *De Veritatem Corporis et Sanguinis Christi in Eucaristía*, publicado cuando ya germinaba el "Cisma anglicano", cada obra suya fue una reprimenda contra el error, un alegato en pro de Roma, un anatema sobre los enemigos de la primacía de los Papas. Así, tan pronto como se puso en tela de juicio la licitud de los documentos pontificios que dispensaron el impedimento de afinidad para la boda de Enrique VIII con Catalina de Aragón, y luego la perdurabilidad del vínculo sacramental, no necesitó templarse para la lucha; se sabía de corrido las leyes, y rápidamente embrazó la defensa para sostener que no había en la Tierra potestad bastante para deshacer el matrimonio de los monarcas.

María, en su primera infancia, apenas si se habría fijado en él. Juan Fisher, aunque formado en la corte de la madre de un rey, no fue nunca un obispo de salón; apenas aparecía por palacio. La princesa, pues, sólo sabría de aquel avejentado cincuentón que era un adicto admirador de la reina, un erudito, un hombre trabajador que, según contaban, sólo dormía cuatro horas y repartía las restantes en estudios y caridades. En nada se habían rozado durante años su órbita y la de la hija de Catalina de Aragón, y nada hacía presentir a la cándida despreocupación de María, la recíproca influencia que había de entrecruzar en adelante los destellos de ambas vidas. En cambio, día tras día, su previsión instintiva la ponía en guardia cada vez que oía, veía o estaba cerca de la hija de Tomás Bolena. La popular damisela le repelía sin saber por qué. Era 'la damita de los seis dedos'; aquellos dedos raros que habían de hacer presa en su felicidad.

Los Bolena

Por más que los guardianes del infantil candor de María trataban de evitar lo que ya era irremediable, el más leve rumor de los encuentros entre los bandos en que se había dividido la corte, tomaba resonancias de escándalo. Los vencedores alardeaban su triunfo, y los perdedores declaraban y fomentaban los muchas veces insignificantes motivos de rivalidad entre las parcialidades palatinas, sobre todo desde que la ejecución arbitraria de Buckingham —el mejor amigo de Catalina y pariente del rey— dejó partido el campo en dos irreconciliables sectores: el de la más modosa y sufrida nobleza rancia, en el que estaban los Pole, los Exeter, parte de los Norfolk y los Northumberland, todos ellos agrupados por devoción y respeto en torno a la soberana; y el bullicioso grupo de ideas y costumbres liberales que tenía por núcleo el tropel familiar de los advenedizos Bolenas —los Bryan, los Wyatt, los Carey, los Aprice—, y a los Howard como puente de enlace con la aristocracia tradicional. Este clan se nutría principalmente de bolenistas que eran hechura, coro y escolta del rey, el cual les ennoblecía y les proveía de cargos a cambio de adulaciones, y vivía con ellos en tren de francachela y camaradería.

El cuartel general de la alegre familia era Hever Castle, la residencia de los Bolena, por lo que entre verdes praderas rodeadas por pintorescas lagunas, organizaban cacerías y comidas campestres, excelente pretexto para que la mayor de las hijas de Tomás Boleyn o Bolena, de nombre María, esposa de Guillermo Carey (marido complaciente) y Enrique VIII, sostuvieran encuentros amorosos. Justo es decir, sin embargo, que ésta, por falta de pruebas acaso, o quizá por no manchar su reputación de señora, nunca incluiría entre sus cargos al rey, en el luego tan divulgado devaneo. Para fundamentar ulteriormente sus agravios, habría bastado con la otra hija del amigo del rey, la aparentemente alocada y voluble Ana, que, tras platónico amor por el poeta Wyatt y una proyectada boda con lord Percy, posó su mirada en Enrique VIII para destronar a su reina y señora, y sentarse en el trono. Las cartas que hurtó la Historia para la posteridad —parcialmente utilizadas por Hackett—, demuestran que esta mujer creó toda una estrategia para adueñarse de la voluntad del rey, a quien a veces otorgaba, otras resistía, o bien, prometía, mientras su rendido amante, dejaba en su poder las prendas epistolares más comprometedoras, con lo cual, segura de él, no se recataba de hacer impúdico alarde de su ilícito imperio, sin perjuicio de continuar jugando a las cartas con Catalina, cantarle salmos y leerle textos de religión.

Mientras Enrique VIII, ciego, se dejaba llevar por su gran pasión, Catalina permaneció pacientemente en palacio o en las reales posesiones, con honores de reina. Y la Bolena, en tanto, no los lograba para ella, disfrutaba de su reflejo hasta para las intrigas, en alguna de las cuales sonó el nombre de la princesita de Gales. Eustaquio Chapuys, el nuevo embajador de Carlos V en Londres, le escribió a su señor en octubre de 1529: "El rey está apasionado y ciegamente enamorado de Ana que, persuadido por ella, ha consentido en tratar el matrimonio de la princesa María, su hija, con el hijo del duque de Norfolk, pariente cercano a la dama." Aspiración desmesurada a los ojos del propio Norfolk que, según dijo Chapuys, no se atrevería a insinuársela al rey "aunque hubieran de darle todo el salón en que estaban, lleno de oro".

Estos comentarios pueden dar idea de la desenvoltura con que ya se movía a la vista de todo el mundo Ana Bolena. En tanto, con uno u otro pretexto, se procuraba ir alejando poco a poco a la reina con su séquito, primero al More, un ruinoso castillo en Hertfordshire, para evitar que el contacto entre sus servidores y los de su hija, fomentase la creciente alarma que ya cundía en los círculos de la vieja servidumbre de la reina, ante la invasora influenza de la camarilla de Tomás Bolena y su digna descendiente.

Complemento de esa solapada política, fue el trato que se le dio a María, aislándola cada vez con más frecuencia. Sin motivo aparente se le reducía el número de sus sirvientes o se los sustituían continuamente, o bien, ella era trasladaba de un lugar a otro. Pronto llegaría la hora en que Ludlow, el significativo castillo en Gales, dejase de ser su morada oficial. En noviembre de 1529, la princesa de Gales se hallaba en Windsor, y el embajador Chapuys escribía al emperador: "uno de los grandes sentimientos que la reina tiene, es no tener a la princesa consigo, pero en este punto no se ha ganado nada." Un mes después, volvería a escribir: "La princesa sigue en Windsor no muy bien tratada dado su rango y nacimiento." Después, según la misma referencia, la llevaron a Alton, a unas dos leguas de Greenwich.

Encerrada como si estuviera en un convento, la celaban de tal manera que al embajador de España le era difícil verla. Hubo una ocasión, a mediados de 1930, en que la aburrida jovencita pidió hablar con él. Chapuys solicitó su venia al rey, pero él, malhumorado, le manifestó que "tuviese paciencia por algunos días". Se dice que por aquellas fechas volvieron a instalar a María en sus habitaciones, pues durante algunos meses estuvo ocupando las su madre. Chapuys vio en ello no un honor devuelto, sino un redoblamiento de vigilancia.

Por otro lado, los usurpadores también lograron apartar a la princesa de su padre. Refiere Chapuys que, en uno de los despachos, la princesa había hecho saber al rey los deseos que tenía de abrazarle, y él le negó el permiso, pretextando que tenía programado salir de caza, mas le ofreció que, a la vuelta iría a Richmond y allí se verían. En efecto, el rey pasó unos días con María, prodigándole un gran afecto. "¡Dios quiera que esto dure!" —exclamaba el corresponsal de Carlos V.

Y no duró, ni podía durar, porque Ana se entrometía en todos los asuntos del rey. Chapuys percibió desde un principio el control que tenía sobre la voluntad de Enrique VIII: "No cabe duda —decía en septiembre de 1529—, que hay una gran intimidad y familiaridad entre ellos. ¡Ojalá Dios pueda remediarlo!". Pero hubo más, todavía... el escándalo se hizo público el 10 de mayo de 1530; el embajador cuenta indignado que, en Windsor, en presencia de todos, el monarca cabalgó llevando con él a la hija del Bolena, ya lord Rochester. Dos sujetos fueron apresados por comentarlo... Ningún dique era capaz de detener la desbordada voluntad del soberano.

El divorcio de los reyes

En otros tiempos se hubiera podido contar con el ascendiente, un día incondicional, del cardenal Wolsey, si él, accesible como otras veces, se prestara a ello. Pero Wolsey había caído en desgracia y bastante haría con salvarse, como a tiempo lo predijo Catalina. Don Íñigo de Mendoza refiere en un informe dirigido al emperador el 25 de julio de 1529: "La reina escribe que es tal el desengaño y la pasión del rey viendo que no se sale con la suya, que el cardenal Wolsey será indudablemente víctima de su furor."

Precisamente por esas fechas, Enrique VIII había expuesto por primera vez al cardenal-canciller, su deseo de contraer nupcias. Wolsey sabía que tendría que enfrentar enormes obstáculos, pero a la vez se le presentaba la oportunidad, largamente acariciada, de satisfacer sus rencores. Podría vengarse de Carlos V; poner en aprietos al Papa; en apuros a los cardenales que no votaron para que él obtuviera la mitra y que, además, tendrían que optar entre desairar al 'César' o al 'Defensor de la fe'; halagaría a Francisco I, no por servirle, sólo por mortificar a su rival (Carlos V); y ganarse definitivamente a Enrique VIII si es que lograba proporcionar una cierta facilidad a tan difícil proyecto. Había de todo en el horizonte que se abría ante la eterna aspiración de preeminencia y mangoneo, que era la segunda naturaleza del arzobispo de York. Sin embargo, en los primeros tanteos, pudo darse cuenta de que no le iba a ser posible arreglar las cosas tanta celeridad como el rey quería.

En primer lugar, habría que contar con Warham, el arzobispo de Canterbury *(legatus natus* del Pontífice), ya que Wolsey era *legatus a latere*. No sería ésta, y no lo fue, dificultad insuperable: Warham cedería. Mas era conveniente promover en el Clero un estado de conciencia favorable a la anulación que influyera en Roma para conseguirla. Y no había salido aún el cardenal rumbo a Francia, que en su intención era uno de los soportes de su cobertizo, cuando empezó a convencerse de que no le sería nada fácil promover tal asunto. Al detenerse en Rochester, intentó catequizar al obispo Fisher y sumarle a la causa pintándole las excelencias de un posible matrimonio de Enrique con una princesa gala, que, además, pudiera garantizar sucesión varonil para el trono, pero el obispo no cedió un ápice de su conocida postura. Fisher se encontraba reuniendo elementos para sostener la tesis de la indisolubilidad del matrimonio regio —elementos que más tarde recopiló en un famoso libro—, y su convicción era tan firme, que anunció que cuantas veces se le consultara votaría en pro de la solidez del vínculo y de la validez de la dispensa papal. Unas nuevas bodas del rey serían un adulterio —como dijo San Agustín.

Wolsey estimó que era preciso impedir que se hiciera pública la opinión de Fisher. Urgía, por tanto, que antes de él a quien oían como un oráculo en gran parte de Inglaterra e incluso en el continente europeo, hablasen a la opinión general Francia y Roma. Francia, favoreciendo mediante un enlace nupcial influyente soluciones que compensaran el inevitable enojo del emperador, quien lógicamente defendía a su tía Catalina de Aragón; y Roma mostrándose propicia a definiciones que invalidaran la intransigencia del obispo de Rochester y abrumándole con el peso de su autoridad. Y a eso se dirigieron todos los esfuerzos del cardenal-canciller, enviando emisarios especiales para hablar con el Soberano Pontífice, con su mediación personal en la corte de Fontainebleau.

El canciller conservó durante algún tiempo la convicción de que no iba perder... al menos en lo que a él se refería. Además de confiar en conseguir una novia francesa para Enrique VIII, llegó a sugestionarse con la posibilidad de obtener una 'semitiara' o 'semimitra' para su vanidad: una especie de patriarcado francoinglés, independiente jurisdiccionalmente de Roma y regido por el Prelado británico desde el Arzobispado de Rouen que, a tal efecto, se le otorgaría. No consta, pero las historias consignan la complacencia con que acogieron esta idea el propio cardenal y Enrique VIII. Para aquel, ya que no podía ocupar la silla de San Pedro, se imaginaba sentado en una silla 'semipapal'. Para el rey, Wolsey como 'semipapa', aseguraba su divorcio, la legitimidad de María salvada con cualquier habilidosa fórmula, y sus segundas nupcias. Pero España puso el veto a tan absurdo proyecto, presionando sobre Clemente VII para que se le revocase el nombramiento de Legado, que era la más preciada de las preseas que lucían sobre el prominente pecho de Wolsey, y el casi cismático propósito falleció casi antes de nacer.

Y no fue eso lo peor que le pudo pasar al cardenal, pues durante su ausencia, el grupo bolenista le había minado sus terrenos. Ana se había adueñado por completo de la voluntad del monarca, y éste no necesitaba más del canciller. La Bolena no estaba dispuesta a ser lo único que, a juicio de Wolsey, podría llegar a ser: una aspirante a concubina, consentida por una acomodaticia esposa francesa del rey. Ana Bolena quería ser reina de Inglaterra y Enrique deseaba que lo fuera.

Como es de suponer, al arzobispo de York se le enfriaron súbitamente los 'ardores divorciófilos'. Él había hecho suyos los anhelos del rey, no sólo por el servilismo de introducirle en el regio hogar una consorte que fuera su maniquí, sino por franquear el trono a una princesa que significase una permanente contraposición al influjo del aborrecido Carlos V. Pero, resolver el reino, exponerse a exoneraciones de la Iglesia, contribuir con su astucia y conocimiento de los textos canónicos, y torturar su conciencia con inquietudes que, si no llegaban a remordimientos, tenían comezón de escrúpulos, todo ello a beneficio de una intrigante 'escalatronos', rodeada de un grupo de advenedizos que intentaban entrometerse en su territorio, no era perspectiva que le animase a seguir ideando expedientes para legalizar lo que iba en camino de ser una indecorosa iniquidad. Sin embargo, era ya demasiado tarde. Preso en sus propios lazos, tema mundial de polémica la validez de la dispensa papal con todas sus derivaciones, Wolsey no sólo debía intervenir en el asunto, sino contribuir a dirimirlo, compartiendo con el cardenal Campeggio, delegado especial enviado por el Soberano Pontífice, la responsabilidad de enjuiciarlo.

Y hubo que llegar hasta el final a la celebración del famoso simulacro de juicio en el gran salón del Monasterio de Blackfriars, y a la comparecencia solemne en él, ante los delegados del rey y de la reina. Ahí, ante el Tribunal, la reina no suplicó piedad sino justicia cuando se arrojó a los pies de Enrique, y con esto conmovería al reino entero. Su actitud fue altiva, sin desplantes, discreta y respetuosa, y los ecos del sensacional acontecimiento se esparcieron por todo Londres, alcanzando más tarde los oídos de María Tudor, lo cual contribuyó a cambiar por completo el concepto que tenía de su padre.

En resumen, ese día el Tribunal decidió suspender el acto por la oposición de Catalina, quien terminaría por recurrir a Roma. Enrique no se atrevió a repudiar abiertamente a su esposa por temor a Carlos V. Fisher, el obispo de Rochester, estaba dispuesto a revocar su convicción de que no había poder humano que pudiera disolver el matrimonio de los reyes; y Campeggio, persuadido por tal tesis, se resistía. Sin embargo, la presión de Wolsey que por servir al rey no quería que el Tribunal se disolviera sin antes haber llegado a una resolución conjunta, obligó a Campeggio a hacer esta declaración: "Yo voto a favor del matrimonio y de la reina. Si mi compañero está conforme, santo y bueno; si no, no habrá sentencia", y después se retiró de Roma.

Pero no se retrasaría por más tiempo el fin de Wolsey. Tenía, por un lado, la imponderable fuerza del sentimiento público escandalizado por sus beneficios y flaquezas íntimas; por el otro, el rechazo del clero inglés, al cual, él menos que nadie, podía evangelizar ni controlar. Estaba también la enemistad con Ana Bolena; y por último, los crecientes enojos del rey que hasta le obligó a cederle Hampton Court. El 18 de octubre de 1529, Wolsey devolvía a su monarca el gran sello de la Cancillería, y para beneplácito de la reina y de María, Tomás Moro fue nombrado canciller de Inglaterra. El patriarca de Chelsea era, pues, el único puntual posible para aquel hogar deshecho, pero desafortunadamente, muy poco podría hacer sir Tomás, tanto por Catalina de Aragón como por María Tudor.

Tomás Moro, canciller de Inglaterra

Wolsey había manejado la Cancillería como si fuera un Ministerio de Asuntos Universales. Tenía bajo su mando, todo lo que fuera eclesiástico, internacional, palatino y administrativo. Moro, respetuoso, diplomático, reacio a los halagos y manejos cortesanos, y sobre todo jurista de bufete, necesariamente habría de imprimir a su actuación un tono muy diferente al de su predecesor. Mas no iba a ser trabajo fácil para el nuevo canciller, porque Wolsey había hecho concesiones, rindiéndose a la instrucción de los enemigos de la reina, de manera que el campo de acción de la Cancillería había sufrido considerables mermas. Además, dentro del palacio, se entrometían, aparte de Ana Bolena, el duque de Norfolk y el de Suffolk, tío y cuñado del monarca, respectivamente. Pero había también otro elemento de capital influencia sobre el rey: Tomás Cromwell, a quien había nombrado su secretario y que más adelante sería coautor de la Iglesia Anglicana.

No podían, pues, ocultarse a la sagacidad del nuevo canciller, las trabas con que forzosamente habría de encontrarse en la Cancillería. Sabía con anterioridad lo inútil que resultaba oponerse a la voluntad del rey, y aun el riesgo de intentarlo; pero también estaba consciente de cuánto pesaba todavía su ascendiente personal y su prestigio, incluso entre sus adversarios, por lo que a pesar de todas las inconveniencias, no quiso declinar un puesto que, en su defecto, podía ser ocupado quizá por un lacayo bolenista del rey, o un enemigo del Papa.

Además, Wolsey había descuidado asuntos de suma importancia: la Reforma germánica, por ejemplo. Desde hacía muchos años con gran complacencia de Enrique VIII al principio, se habían venido instruyendo diligencias contra los simpatizantes de dicha Reforma, en la que el rey veía principalmente un germen de rebeldía contra todo concepto de autoridad. Los procesos abiertos a protestantes y sospechosos sumaban montones en las antesalas de la Cancillería, cuando Moro, en solemnísima ceremonia, se posesionó del cargo. Bondadoso y justo al mismo tiempo, procuró dar curso a los empolvados legajos con tal celeridad, que hasta en la Curia cantarían coplas en su honor: "cuando Moro era canciller, ni un proceso quedó sin ver, lo cual no volverá a suceder hasta que él lo vuelva a ser."

Así pues, después de la ceremonia de juramento en el gran *hall* de Westminster, donde el rey le entregó el gran sello mientras Norfolk se instalaba en la presidencia del Consejo privado, Suffolk en la vicepresidencia y otros cortesanos, se abalanzaban a tomar otros cargos, el nuevo lord canciller, sin disputárselos, se dirigió con modestia a su desnudo escabel en las inmediaciones del trono y fue sencillamente Tomás Moro.

Demarcada su área y consciente de que no era cauto desgastar sus fuerzas comprometiéndolas en asuntos que oficialmente no eran de su injerencia, cuidó desde el primer momento, nunca inmiscuirse en ellos, y por lo tanto, quedó al margen de los constantes cambios de residencia dispuestos para la reina Catalina y para la princesa María, incluidos los planes de boda para ésta.

De uno de estos planes oiría hablar María. Se trataba del hijo —uno de los hijos, el tercero— de la condesa de Salisbury, su institutriz, de quien Enrique VIII se sentía orgulloso. Le había costeado estudios y viajes, y además era amigo de desacatados maestros de Italia. Sin embargo, no sólo se negaría rotundamente a aceptarlo como pretendiente de su hija al enterarse de que Reginaldo Pole era abiertamente opuesto a sus planes de divorcio, sino que ordenaría su destierro. En cambio, aquel proyecto de casar a María con el primogénito de lord Norfolk, el conde Enrique de Surrey, persistía entre los cortesanos.

El embajador de Carlos V en Londres, envió una misiva a su señor, informándole que parecía que Norfolk perseguía un doble juego al intentar casar a su hijo con María, pues al morir Enrique VIII, la Corona caería en uno de sus descendientes, y para ello era preciso que el rey no muriera divorciado. "Bien como rey consorte, como reina consorte, Norfolk parece estar resuelto a que uno de sus hijos suba al trono" —le señalaba.

Más tarde, se le lograría al duque, en parte, esta segunda aspiración, ya que Richmond, el 'Fitzroy', se casó con su hija y fue nombrado lord lugarteniente de Irlanda, con cuyo rango falleció algunos años después.

En tanto, María Tudor en su solitaria adolescencia, sin concretarse ningún plan para ella, caía enferma, contagiada de una fiebre tropical (*sweating sickness*) y su madre deseaba tenerla a su lado para cuidarla. Como ya se ha visto, Enrique trataba de evitar a toda costa que se reunieran los servidores de Catalina y los María para que no aumentara más el descontento entre el nutrido grupo que ya había en su contra, así que, pretextando condiciones climatológicas inadecuadas para la salud de María, no le permitió a la reina, quien aún vivía con él, que trasladaran a su hija al palacio. Pero encontrando salida a la cada vez más redoblada vigilancia por parte de su esposa, recapacitó, y le dijo: "Ve pues, con ella, y permanece con nuestra hija, cuidándola todo el tiempo que quieras." Sin embargo, la reina le replicó rápidamente: "Ni por mi hija, ni por nadie en el mundo, he de separarme de ti ni vivir en otra casa donde tú no vivas."

Poco después, a fines de enero de 1532, Ana, la dueña absoluta del soberano, dispuso lo contrario, y la reina salió de palacio para no volver más. Inútilmente el nuevo Nuncio aconsejó a Enrique que reconsiderara tal disposición, pero según él ya no podía sufrir más los desplantes de Catalina y su continua amenaza de recurrir a Carlos V. Y por supuesto, María pagó las consecuencias de la separación.

Desde entonces, Enrique VIII fue ya incontenible. La facilidad con que pudo desprenderse de Wolsey acrecentaba su confianza en sí mismo: lo vejó, lo despojó y a éste se le enconó el coraje, pues dicen que un día, al pasar por Láncaster para atender un llamado del rey, cayó fulminado en un berrinche.

Por su parte, Fisher optó desde el principio en ponerse una coraza, escudado en su ciclópea erudición. En tanto Moro, otro temperamento y también otros deberes, sorteaba hábilmente las situaciones con sabiduría y prudencia. Su táctica había de ser, pues, plegarse a la voluntad del rey mientras pudiera, y ahorrar energías para contrariarla eficazmente cuando valiera la pena. Además, el 'asunto gordo' caía fuera de la jurisdicción de los funcionarios legos como él, y quedaba dentro del privativo dominio de la Iglesia. Hacía ya dos años que el rey le había consultado sobre sus deseos de separarse de la reina, y sir Tomás, alegando que el problema sobrepasaba su competencia, le recomendó que consultara las obras de San Jerónimo y de San Agustín.

Más tarde, Enrique planteó el asunto ante el Consejo Real, y el dictamen fue de la altura de quien lo dio. El rey, sin delicadeza alguna, invitó a representantes de universidades, a legistas, hombres de ciencia y sacerdotes, quienes ventilaron intimidades del primer matrimonio de Catalina, husmeando argumentos que favorecieran el éxito de la frenética deshonestidad del rey, y le permitían instalar oficialmente en el tálamo real, a la que no quería ser ya su concubina. No importaba retardar el definitivo logro de sus afanes, con tal que los votos de todos consagraran como lícito el pecado y como puntual observancia de la Ley de Dios su escandalosa ruptura. Para ello, contaba con las artes turbias de Cromwell y de otro Tomás, Cranmer, a quien el rey nombró arzobispo de Canterbury a la muerte de Warham.

Así pues, entre el rey, Tomás Cranmer y Tomás Cromwell, forjaron el 'Parlamento Negro', y a través de la Convocatoria del Clero, fraguaron una nueva Iglesia, aparato de externa legalidad que sirvió a los tres personajes para juzgar el repudio de Catalina, la ilegitimidad de María, la coronación de Ana Bolena y el ascenso de Enrique VIII como "único protector y cabeza suprema de la Iglesia Anglicana".

María Tudor tendría que recibir el impacto de la hecatombe de pie, como una reina, como también lo recibiría Catalina, apuntaladas las dos por Forest, el confesor de la reina; Moro, cuyo silencio de esfinge decía más que lo que hubiera dicho la más elocuente de las pitonisas; Fisher, que no se callaba lo que pensaba sobre los instigadores del divorcio; y Luis Vives, en quien recaerían los rencores del rey por haber sido el primero en refutarlo.

Juan Luis Vives seguía siendo adicto servidor de la reina y el consejero de María, y nunca ocultó su filiación entre los 'catalinistas'. Un día escribió a Vergara en estos términos: "He tomado partido por la reina, que me parece tiene razón, y procuraré ayudarla en cuanto pueda, de palabra y por escrito." Esto ofendería al rey, quien lo tuvo seis semanas en *in libera custodia,* aunque después lo puso en libertad con la condición de que no entrara al palacio. Aconsejado por la reina, Vives consideró prudente regresar a Brujas, negándose a tomar la defensa procesal de Catalina cuando ésta quiso confiársela: negativa fundada, primero, en que "de nada había de servir defensa alguna ante aquel Tribunal" que él consideraba incompetente; y luego, que en su opinión, "era preferible fuese condenada sin juicio ni proceso que serlo mediando sólo una apariencia de defensa", ya que lo que el rey buscaba era "un pretexto para con su pueblo, a fin de que no pareciese que se condenaba a la reina sin oírla". Sin embargo, no la abandonaría. Desde su exilio no vaciló en escribir a Enrique VIII su conocida carta del 1o. de enero de 1531, en la que, sin ambages, reprobaba su intención de contraer segundas nupcias.

"A más de las cuentas que tendrá que rendir al Creador, le preguntó, el mejor de los príncipes: Tiene un reino próspero, su pueblo lo estima. ¿Por qué quiere procurarse nuevas dificultades? ¿Qué ganaría? Una esposa. ¡Si ya tiene usted una a la cual la mujer que desea no puede compararse ni en bondad, ni en nobleza, ni en belleza, ni en piedad! ¿Qué busca usted en ella? No creo que busque un corto placer sensual e impuro. Dirá: deseo hijos que hereden mi reino. Ya tiene hijos, gracias a Cristo; tiene una hija de un gran encanto. Busque, pues, yerno a vuestro gusto. Si tuviese un hijo, habría de contentarse con él tal como lo diera la naturaleza. En cambio, un yerno se puede escoger a voluntad."

Esto era, hasta cierto punto, lo mejor; pero Enrique con su escándalo, se había cerrado a sí mismo una salida. Y cada vez resultaba más difícil casar a la princesa de acuerdo con su nacimiento.

Fischer, por su parte, atacaba a los partidarios de Ana (a quien ya se daba trato de lady Ana y pronto sería marquesa de Pembroke), y seguía desde lejos los pasos de sir Tomás Moro. Mientras tanto, María confiaba que este último pusiera freno a su padre, porque si no lo hacía, la causa de su madre, que era la suya, podía considerarse irremediablemente perdida. Así, al cabo, ocurrió.

La supuesta reina de Inglaterra

A mediados de mayo de 1532, sir Tomás Moro, comunicó a su esposa que dejaba la Cancillería por motivos de salud. Para nadie era un secreto que el lord canciller estaba enfermo, y era verdad; a Erasmo le había dicho que deseaba verse libre de los asuntos públicos para dedicarse por entero "al estudio y al honor de Dios". Sin embargo, todo eso, salud, contrariedades, deseos de tranquilidad, hasta el dolor de tener que leer ante la Cámara como '*Lord Speaker*' las respuestas de las universidades a la perversa consulta del monarca sobre lo que éste consideraba su incestuoso matrimonio, lo había supeditado al cumplimiento de su condicionado compromiso con el rey. Pero el compromiso tenía un límite y era el momento de romperlo. Cuando él vio que el propósito de Enrique no era ir a Roma por todo, sino ir contra Roma, desconociendo al sucesor de San Pedro para entregarse sacrílegamente a los brazos de Ana Bolena, juzgó que ya no podía ni debía mortificarse más. Así pues, la tarde anterior había acudido a los jardines de York Place —el palacio que Enrique le quitó a Wolsey— y allí, donde el monarca y su querida hacían diaria ostentación de escandalosa convivencia, devolvió sus insignias de canciller al soberano, sin alharacas ni desplantes.

Moro venía percibiendo desde tiempo atrás los cambios de personalidad y de criterio de Enrique VIII, y temía que estuviera perdiendo la razón, al igual que el Clero. A pesar de los briosos esfuerzos de Fisher, el Clero, de claudicación en claudicación, ya reconocía al monarca como Jefe Supremo de la Iglesia, aunque con la adición *quantum per Christi legem licet*, mejor intencionada que eficaz, y con forros de terciopelo en las cadenas de su sumisión al despotismo del rey.

La nobleza, aun aquellos que presumían estar del lado de Catalina, se atrevía proponerle a ésta arreglos inadmisibles. Y mientras el miedo se adueñaba de la voluntad de los menos temerosos, los embozados luteranos que secundaban las arterías de Ana Bolena, festejaban triunfales. Y ésta, dueña y señora de la voluntad del rey, sólo le permitía que fuese muy de tarde en tarde a Richmond a ver a su hija, siempre espiado por sus adeptos, porque a la jovencita no se le consentía visitarlo en palacio. Ana Bolena no quería encontrarse con la princesa, ni siquiera que le hablasen de ella.

Sir Tomás tenía demasiada fama de sabio y legista para esperar que se le permitiera seguir guardando silencio en torno al sunto, y como tendría que hablar, habría de hacerlo a tono con su conciencia; de fijo —como dice R.L. Smith, un historiador—, las antiguas cadenas, distintivo de su cargo, se troncarían en las rejas de una prisión. Temía, fundamentalmente, porque sospechaba que se iban a pretender de él juramentos imposibles. Su caso no era como el de Fisher, pues éste tenía obligaciones con la Santa Sede y con la Iglesia por ser prelado y consejero espiritual de Catalina. Sin embargo, llegaría el día en que a ambos les llamarían a declarar, y en tanto, sir Tomás "confiaba en que la Divina Misericordia no dejara de darle gracia y fortaleza".

María, en la soledad de los apartamentos donde estaba confinada, recibía, a veces veraces, otras deformadas, las noticias de los ruidosos eventos que alcanzaban templos, palacios, salones y antecámaras, manteniéndose al principio retraída e inconmovible, hasta que llegó la hora de demostrar que no desmentía su casta materna. No pasaba semana sin que le llegara alguna novedad inquietante, ni casi hora sin presagios funestos. Mientras que Cranmer, el arzobispo de Canterbury se daba prisa por demostrar al rey que podría prescindir del Papa y casarse con Ana Bolena, Enrique la exhibía en Francia, donde gozó las preeminencias de querida oficial y lució las joyas de la Corona. Se rumoraba también que a la vuelta, Cranmer había dado la bendición nupcial de manera clandestina al rey y a Ana en la capilla de Whitehall, aunque otros porfiaban que el oficiante había sido un sacerdote disidente, Rowland Lee, o un fraile llamado Brown, si bien contando siempre con el beneplácito del arzobispo de Canterbury.

Esta "cosa muy nueva, extraña y escandalosa" —como la calificaba Carlos V en su correspondencia dirigida a sus enviados en Roma—, seguramente desplomó espiritualmente a María. "Nuestro embajador —les decía— nos escribe, y afirma ser un hecho el casamiento del dicho rey con la dicha Ana *Bulans*, y tenerla públicamente por su mujer, y haber prohibido a la reina, nuestra tía, que se llame reina."

Fueron inútiles, en efecto, todas las gestiones que se hicieron ante el Papa (León X), y todas las protestas que levantó Chapuys (el embajador español) ante Enrique VIII. El rey, sin esperar siquiera a que el Clero y las Cámaras celebraran el Sábado de Gloria, en ese año (1533), se presentó en el templo con Ana, ordenando se le rindieran a ésta honores de reina. Un mes después, cierto tribunal eclesiástico confabulado con Cranmer, declaraba nula la boda de Catalina, y el 1o. de junio, desafiando las excomuniones de Roma y desdeñando las amenazas del emperador Carlos V, una lujosa comitiva en medio de un ambiente tenso, seguía, desde la Torre de Londres hasta Westminster, a la carroza en que iba para ser coronada, la 'reina concubina'.

Hasta aquí le había tocado a María ver, oír, sufrir y callar. Una tímida apelación de ella se perdió en el vacío; pero el 7 de septiembre siguiente, la concubina dio a luz una niña —la futura reina virgen—, y el acontecimiento, al tocar los derechos de la princesa, desató en ésta una guerra.

Si hubiera sido un varón el recién nacido, por ese solo hecho, le hubiera reconocido el rey la primogenitura. Mas como era una niña y María no había sido exonerada todavía de su primacía en la sucesión, se estimó conveniente para satisfacer el empeño de Ana, en que se le concediera a su hija la preferencia sucesoria, conferir a lord Hussey, jefe de la guardia de la princesita en Beaulieu (New Hall), la comisión de notificarle a la jovencita, como algo lógico y normal, que en los sucesivo debería dejar de intitularse princesa, pues ya no era más que lady María Tudor.

La repulsa a través del intermediario fue rotunda, terminante y concluyente; de ningún modo la jovencita se prestaría a ello y, además, no quiso ella encomendar a la versión verbal ajena la trascripción de su enojo. Para que de él no quedaran dudas, le escribió al rey rechazando la afrentosa indicación, y repitiéndole que ella seguía reputándose su hija legítima, nacida en matrimonio verdadero, tal y como, después de todo, él, en conciencia, habría de reconocerlo. Aun los cortesanos menos afectos a la princesa se quedaron atónitos ante la valentía de su respuesta. Nunca en Inglaterra había hablado así una hija a su padre, y menos aún, una súbdita a su soberano. Pero Enrique VIII que no quiso reconocer en ella el furor de los Tudor, exclamó iracundo al recibir el mensaje: "¡Es su sangre española!".

El rey acabó desistiendo en resolver el problema por la vía legal, y consiguió por la fuerza del Parlamento, lo que su hija por las buenas no le daba. Quizás él no hubiera precipitado el suceso en expectativa de tener sucesión masculina, pero Ana no quería a María, y se proponía humillarla, destruirla.

Por otra parte y para mayor enojo del rey, 19 cardenales contra tres votaron en Roma a favor de la validez del enlace de Catalina. Entonces, el Parlamento Negro, además de aprobar otras leyes que cortaban las relaciones con el Vaticano, aprobó el Acta de Sucesión por la que se declaraba —bajo pena de delito de alta traición para quien sostuviera lo contrario— que la 'seudoprincesa' Isabel, era la legítima heredera del trono, y María de Gales ya no lo sería más.

Empezaban, pues, los tiempos en que María tendría que procurarse su propia defensa. El emperador Carlos V, desde Flandes, aseguraba que no regresaría a España sin haberla restaurado en sus prerrogativas. Tampoco se pudo lograr que Catalina firmase la notificación de que había dejado de ser reina. Y cuando para intimidarla, se le habló de los intereses de la princesa y de la conveniencia de evitarle mayores daños, Catalina interpeló: " María es hija de rey y reina, tal como la recibí de Dios, y nada debe temer. Yo no temo a quien sólo tiene poder sobre los cuerpos, sino al Único que tiene poder sobre las almas."

María Tudor jamás adoptaría una postura pasiva ante tales hechos. Pronto se le vería ajustarse en todo al modelo que tanto se le había recomendado durante su infancia. Además, si la convicción de su derecho no fuera suficiente para darle alientos, los hallaría en la franca simpatía popular que la apoyaba incondicionalmente. A su paso, una gran muchedumbre compuesta de mujeres, la aclamaba llorando "heredera del reino". Los comerciantes de Londres se aventuraron a escribirle a Carlos V, haciéndole saber que, si se decidía declarar la guerra a Enrique, "la nación inglesa se uniría a él por el amor que profesaba a *lady Mary*". Y el propio embajador francés, corroborando en sus despachos a París la posibilidad de un levantamiento en pro de madre e hija si cualquier príncipe extranjero las amparaba, añadía: "Son queridas hasta tal punto, que a pesar de la ley hecha por el Parlamento y las amenazas de muerte que contiene, la gente insiste en no tener más princesa que María."

Por otro lado se creía, que al romper Enrique relaciones con el emperador Carlos V, por lo menos la tantas veces anunciada boda de la princesa con el Delfín se verificaría en seguida, y de tal modo se lo hicieron creer a María que, cuando, poco después, empezó a correr el rumor de que el heredero francés iba a casarse con otra, la joven replicó indignada que eso no era posible, porque el Delfín no había de tener dos esposas y su esposa era ella. María sobre todo, estaba dispuesta a defender contra viento y marea, la legitimidad de su nacimiento, así como su derecho al rango de princesa heredera.

Ana Bolena pretendía que María sirviera a la recién nacida como *lady-in-waiting*, y fue Norfolk quien se encargó de notificárselo, intentando convencerla de que tenía que ofrecer sus respetos a la nueva princesa. La respuesta fue digna de la hija de Catalina de Aragón (nos hemos permitido reproducir dicha conversación):

—No hay en Inglaterra más princesa que yo —le recalcó María, altiva—. La hija de madame Pembroke no puede llevar tal título, pero si es verdad que mi padre la reconoce como suya, lo que haré será llamarla hermana, como llamo hermano al duque de Richmond.

—¿Sólo eso he de decir al rey? —preguntó Norfolk

—Nada más que la princesa de Gales, su hija, pide su bendición —le insistió la joven.

—De tal recado no me atrevo a encargarme —dijo el duque.

—Entonces, salga de aquí y déjeme sola —concluyó María, imperiosa.

El fracaso de ésa y otras tentativas encaminadas a presionar a la joven para que se prestase de buen grado a fingir una conformidad con la ley, que naturalmente no sentía, hizo cambiar de táctica a Ana. Era visible que en su propio carácter y en la clamorosa inclinación del pueblo hacia ella, contaba María con apoyos que era prudente no desafiar. Así pues, Ana accedió a que la hija del rey conviviera en el palacio con ella y su pequeña hija, incluso para apoyar al mismo rey, quien no quería que le achacasen crueldades innecesarias para con su hija mayor, y subrayaba en que las apariencias proclamaran que la prima de Carlos V, aunque lejos del trono, seguía siendo elemento integrante de su hogar. Juntas habrían de vivir en Hathfield del Obispo; lady Bryan sería la camarera principal de ambas hijas del monarca, y lady Shelton, otra de las tías de Ana, ejercería las funciones de ama de gobierno. Y como ello obligaba a la reina concubina a contactos con María que no podía eludir, pensó que lo mejor sería buscar una reconciliación.

Con tal intención, irrumpió un buen día en las habitaciones de *lady Mary*. Entre autoritaria y melosa, Ana se excedió en intimidar y aconsejar al mismo tiempo a su despierta interlocutora, que no cambiaría de opinión en cuanto a su real posición. "Trátame como reina —le propuso—, sé sumisa con el rey, y yo haré cuanto pueda por reconciliarte con Su Gracia, procurando arreglarlo todo del modo más agradable." María no la dejó continuar: "Señora —interrumpió— yo no conozco otra reina que mi madre y mi dueña. Si quiere decírselo así a mi padre, me hará un favor." La Bolena, serena en apariencia, siguió intentando convencer a María para que cambiara de parecer y actitud, pero todo fue inútil, la imperturbable jovencita permaneció firme en su propósito de no dejarse vencer, y de repente hacía alusión al Papa y Carlos V.

La reina apócrifa salió de las habitaciones de María confiriendo injurias, frustrada y desengañada. "Algo peor hará que injuriarme" —dijo María a cierto íntimo confidente—; y ese algo fue intrigar con el rey para que éste reprobara el comportamiento de la joven y la rechazara definitivamente. En efecto, cuando el monarca se enteró sobre la actitud de María, se enojó tanto, que la amenazó con encerrarla en La Torre; pero Ana, inteligente, lo disuadió tan sólo para atacar por otro lado el castigo, el cual consistía en mantenerla totalmente apartada y poder acercar más al rey a su pequeña hija. Enrique convino en aceptar su parecer, que era también el de Cranmer, el de Cromwell y el de toda la vil ralea. Sin embargo, precisamente el mismo día en que se había resuelto poner en práctica la estrategia, un rasgo de ingenio de María bastó para echar por tierra tal propósito.

Era costumbre del rey pasar diariamente por Hathfield Lodge para ver a sus hijas. Esta vez mandó por delante al capitán de su guardia, Kingston, con el encargo de decir a María que no compareciese en su presencia si no estaba resuelta a cambiar radicalmente su conducta. Además, al entrar en la morada campestre, mientras él pasaba directamente a los aposentos de lady Bryan, donde tenía su cuna la recién nacida, Cromwell, que había acompañado a Kingston, se dedicó a reforzar los argumentos del capitán, intentando persuadir a María de la conveniencia de plegarse a los deseos de su padre y señor. "Ella contestó —escribe Chapuys al emperador—, que ya había dicho a lo que estaba decidida, que era trabajo perdido hacer presión sobre su voluntad, y que se equivocaban cuantos creyeran que por malos tratos, groserías o temor a la muerte, se lograría hacerla cambiar de determinación." Después, al saber que el rey estaba en el pabellón, pidió la venia para besar su mano. Enrique, que ya conocía la respuesta, se negó a recibirla y dio órdenes de regresar a Londres. Pero al ver María desde su ventana que él se disponía a montar su caballo, echó a correr por pasillos y escaleras hasta llegar a un saliente del tejado que no estaba tan alto, por delante del cual debía cruzar forzosamente el rey antes de atravesar la verja de salida. Ahí, de rodillas sobre la terracita, la joven alzó las manos al cielo y aplaudió ruidosamente en el instante en que Enrique pasaba. El rey, que la vio, detuvo emocionado su corcel. Los de su escolta y Kingston, primero, advirtiendo el gesto del rey, sonrieron levemente a la antigua princesa enviándole un mensaje de alentadora esperanza. Enrique se quitó ceremoniosamente su emplumado sombrero, e hizo señas a sus secuaces para que la saludaran también, como él, haciendo una profunda inclinación con la cabeza. Después, el monarca se alejó despacio, triste y pensativo. El arranque hábilmente afectuoso de su hija había tenido, sin duda, un expresivo reflejo en lo que él le quedase de corazón.

Era imposible esperar del rey que cediese... y, por lo tanto, persistiría en su conducta de aparente enfado por más tiempo. Pero cuando refirió el episodio Chapuys, no pudo reprimir las lágrimas, comentando de nuevo: "¡Es siempre esa sangre de España!". Poco a poco se irían atenuando sus rigores con *lady Mary,* y la gente del palacio la vio reaparecer por la corte. Cada una de esas reapariciones era una señal más de que empezaba a eclipsársele el Sol a Ana Bolena.

Los mártires del Cisma

En 1534, antes de que iniciara el declive de Ana Bolena, ella y sus partidarios se habían propuesto agotar todos los manantiales de influencia —Clero, Parlamento, Monarquía— en beneficio de la usurpación. Puesto que Catalina y María no cedían de buen grado a sus ambiciosas pretensiones y era imposible obligarlas por la fuerza, era urgente deshacerse de quienes, por su prestigio y comportamiento ejemplar, eran latente censura y irritante reproche para toda la farándula cismática. Urgía, por tanto, deshacerse de Tomás Moro y de Juan Fisher.

Valiéndose de argucias y trampas, implicaron a estos dos personajes, sin fundamento alguno, en el proceso instruido contra una falsa benedictina, la "Santa Doncella de Kent". Después, quisieron atraparlos cuando a toda prisa se votaba en las Cámaras el "Acta de Sucesión", pero ninguno de los dos la votaron. Entonces quiso Cromwell que la juraran fuera de ellas, intercalando mañosamente en la fórmula que había de ser síntesis del juramento oficial, conceptos que implicaban el reconocimiento del "Acta de Supremacía", según la cual se consideraría traición el negarse a aceptar la supremacía eclesiástica del rey. Ni Moro ni Fisher se dejaron sorprender, y sin ponerse de acuerdo, cuando en abril de 1534, se encontraron en las inmediaciones de Lambeth Palace, residencia londinense del primado Cranmer, en donde se les había citado sin decirles para qué. Ellos, maliciando la artimaña, cruzaron unas breves palabras: "Creo que pronto nos veremos en el cielo" —dijo Moro. "Tal parece el camino —asintió Fisher—, pues en muy estrecha puerta estamos."

En efecto, uno y otro fueron invitados a prestar adhesión a la fórmula que comprendía conformidad a la ley sucesoria del trono, y el reconocimiento de la autonomía de la Iglesia de Inglaterra. Fisher alegó que necesitaba un plazo para estudiar la respuesta, y Moro contestó que, aunque él podría prestar su acatamiento a lo referente a la sucesión, no le era dable suscribir el juramento tal como venía redactado. Le leyeron los nombres de otros muchos nobles y sacerdotes que habían jurado. "A nadie censuro —replicó imperturbable— pero mi contestación no puede ser otra." Cranmer y Cromwell, temerosos de la repercusión que pudiera tener la negativa del popular magistrado, se avinieron a que él mismo redactase el juramento en forma que dejase a salvo su conciencia. Sir Tomás se negó a complacerles. "De todos modos —dijo— disgustaré al rey no jurándolo todo, y no quiero exasperarle con distingos." Y algo similar fue la respuesta definitiva de Fisher, quien, cuando le negaron el permiso de retocar la fórmula, exigiendo que contestase terminantemente si quería jurar o no, replicó sin vacilación alguna: "Desde el momento en que mi conciencia no puede quedar satisfecha, me niego resueltamente a prestar el juramento." ¡No cabía hablar más claro! Pero aquel mismo aciago martes 21 de abril de 1534, Fisher volvió a entrar a la Torre de Londres.

Cuatro días antes le había precedido a sir Tomás, quien desde el primer momento estableció la distinción entre las dos cuestiones. El Parlamento había arrebatado a María el derecho de suceder en el trono, transfiriéndolo a Isabel y a los demás hijos que pudiera tener Ana Bolena, lo que le pareció a Moro un atropello y una injusticia; pero la materia, esencialmente política, caía dentro de la esfera de acción de las Cámaras, y era posible, deplorándolo, acatarla. Lo que de ningún modo querían reconocer ni él ni Fisher, era el derecho del rey a desobedecer al Pontífice en lo tocante al divorcio de Catalina, y a proclamar la supremacía de Enrique en el orden religioso.

Según ha observado la moderna *Political History of England,* "lo más impopular de la política del rey, no era el repudio del obispo de Roma (así llamaban los anglistas al Papa), sino el trato, que se daba a Catalina y a María. Parte de este trato, fue la feroz persecución de los hombres que simbolizaban la censura de todo lo que estaba ocurriendo en ese tiempo en Inglaterra, y sobre todo con ellas, con Catalina y con María, aun cuando en las diligencias que se les instruyeron no se les complicara.

Moro y Fisher fueron llevados a la Torre de Londres y encerrados en lugares opuestos. Fisher ocupaba una celda en los altos de *Bell Tower*, y Moro en la *Beauchamp Tower*. Les pusieron celadores para que los vigilaran, pues según los jueces, eran reos altamente peligrosos.

Enrique VIII no se sació con su exaltación como Supremo Jefe de la Iglesia, y recabó del Parlamento dos leyes más que robustecían sus heréticas prerrogativas. En su virtud, habrían de ser condenados por delito de alta traición, aquellos que intentaran privar al rey, a la reina (Ana) o la impróvida heredera de sus títulos y dignidades, o en cualquier forma les menospreciaran, llamándoles "herejes" o "infieles". Y como a Moro y a Fisher se les trató de engañar diciéndoles a uno que el otro había jurado, no se logró dilatarles sus sendos procesos en los cuales se procuró vanamente acumular pruebas de deslealtad al rey, dando apariencias de formalidad legal al crimen que se quería perpetrar. Fueron 15 meses de papeleo y de cárcel que finalmente terminarían con la ejecución de ambos.

Una poco meditada iniciativa de Paulo III, el nuevo Papa precipitó el desenlace para Fisher, pues apenas coronado, quiso premiar la defensa que hizo para la Iglesia Católica, enviándole un capelo cardenalicio. "No lo merezco —dijo Fisher—, pero lo recibiré sobre mis rodillas con todo respeto y gratitud." Y se lo pondrá luego sobre los hombros —exclamó furioso el monarca inglés—, porque antes habrá perdido la cabeza; y en seguida ordenó su muerte. La ejecución de Fischer, sin embargo, no sería inmediata. Después de inculparlo, el Tribunal dictó sentencia, pero antes de decapitarlo, lo torturaron de manera brutal.

Tomás Moro había de ir tras él, pero no en seguida. El asesinato judicial de Moro, quien era la figura cumbre del mundo británico, sería un estrépito de universal resonancia que magnificaría aún más a la víctima. En cambio, su retracción, si se lograba, significaba una puñalada mortal para el poderío del Papado en el reino inglés y una estocada sobre la coraza de Carlos V. Oficialmente, Tomás Moro fue ejecutado por desconocer la supremacía eclesiástica del rey, aun cuando él declarara ante el Tribunal que no era "por cuestión de la supremacía ni por lo de la Iglesia Anglicana... sino por no condescender en lo tocante al divorcio".

El día de su ejecución, en la colina de la Torre, Enrique VIII envió a un emisario con la indicación de que se suspendiera el discurso a que toda víctima tenía derecho antes de morir. Antes de que el verdugo le cortara la cabeza, Moro, resignado y sereno, dirigió sólo unas cuantas palabras a la muchedumbre que estaba presente: "Rezad todos por el rey —les pidió—. Permita el Señor que le asistan los buenos consejos. Muero siendo un buen servidor del rey..., pero de Dios primero."

En esos terribles días se ordenó la ejecución de todos los que tuvieran el arrojo de confesarse adictos al Pontífice romano. Se dice que fueron más de 600 las víctimas, los mártires del Cisma.

Con tales sucesos, María, con 18 años de edad, cayó enferma y costó mucho que entrase en vías de franco restablecimiento; sin embargo, de por vida, conservaría en la memoria aquel resumen de las vibrantes reseñas que llegaban hasta su forzado retiro. Seguramente preguntaría sobre los mártires, y de manera muy especial, por sus entrañables maestros y amigos. Tomás Moro y Juan Fisher serían canonizados juntos cuatro siglos después por el Papa Pío XI. Su influencia fue trascendental —como veremos más adelante— a lo largo de la vida de María Tudor.

La ausencia materna

El sacrificio de los paladines de María Tudor y de Catalina de Aragón no disminuyó la aversión que Ana Bolena sentía por ellas. Al hablar con el rey Enrique en esos días, la supuesta reina le señaló agresiva, que "más merecían ellas la muerte que los que habían sido ajusticiados. Ellas dos sí que han sido la causa de todos estos males..." — le dijo.

En tanto, María, lejos de su madre, no tenía comunicación con quien por efecto de las circunstancias consideraba su natural amigo: Chapuys, el embajador de su primo Carlos V. Hora tras hora y con el pretexto de impedir que la joven fuera secuestrada, se redoblaron las cautelas y seguridades, dificultado de esta manera, cualquier confidencia y hasta el menor contacto entre María y el enviado del emperador.

Todas las gestiones que hiciera Chapuys para que el rey consistiera en un encuentro entre Catalina y su hija fueron en vano. Hasta apeló, ineficazmente, al recurso de persuadirle en su propio interés, de que no le convenía que María y la princesita Isabel siguieran estando juntas bajo la férula de la institutriz común, lady Shelton. Cualquier enfermedad que ella padeciese, cualquier tentativa criminal que contra *lady Mary* se descubriese, podría atribuirse a un intencionado descuido, a un torcido plan o participación más o menos activa de parte de su guardiana inmediata; y como ésta era incondicional del rey y de la reina Ana, a él alcanzarían las salpicaduras de la imputación. Pero Enrique no prestó oídos al embajador, y ni antes ni después del suplicio de los mártires consistió en que Catalina y María volvieran a convivir. Decía que se negaba a ello por confesada admiración, y aun temor a las dotes de aquélla: "Con su hija al lado —afirmaba un día después de denegarle una autorización para visitar a *lady Mary*, enferma— es capaz de armar un ejército como aquellos que ensalzaba su madre y lanzarse contra mí con igual coraje, que lo hubiera hecho la mismísima reina Isabel."

Aislarlas era, pues, para Enrique, poco menos que una elemental exigencia estratégica, pues la *Queen unqueened* (la reina destronada) en su confinamiento, habría de irse muriendo poco a poco de pena, mientras sus damas de honor repetían a su ruego rezos y cánticos tristes. Y María, en cambio, lejos de ella, vería la corte de cerca pero sin disfrutar ya de sus legítimos honores, tan privada de ellos como si estuviera a 100 leguas de destierro.

Sin embargo, ¡qué equivocado estaba el tirano! A Catalina, en tanto vivió, no logró hacerla ceder un punto de sus inquebrantables convicciones. En cuanto a María, todo indicaba que para sentirse fuerte en la defensa de las suyas, no necesitaba ni del asesoramiento personal ni del epistolar consejo de su experta progenitora. Numerosos contratiempos le saldrían al paso frente, a los cuales tuvo que contar con su propia inspiración y herencia materna, ya que en gran parte la nutría con los recuerdos de cómo se había comportado su madre cuando se halló sola en tierra extraña a una distancia enorme de sus padres, vejada y menospreciada en la corte de Enrique VII. Sí, a pesar de todo, Catalina asombró entonces a embajadores y cortesanos por la gran prestancia con que supo mantener sus prerrogativas jerárquicas y su personalidad. María no habría de ser menos. En la joven, el impulso irreprimible de la propia defensa era algo congénito, algo que le salía de dentro, cual si siempre tuviera presente el ejemplo de su abuela, la reina de Castilla. Y por eso, desde el principio, fue patente que la todavía *little Mary*, sin tutor alguno, resistiera todos los zarandeos de la adversidad y se alzara recta y firme, sobre las recias raíces de su incontestable derecho, como un roble en dirección al cielo.

Es verdad que desde que el Parlamento favoreció a Enrique VIII con la ley, en cuya virtud quedó desheredara por bastarda la hija de Catalina, tenía ella, como texto de constante consulta, como vital fuente a la que acudía sedienta, una tónica carta de su madre en la que leía sus filiares devociones como en las líneas de un segundo Decálogo para amoldar a ella su conducta. Ésta es la carta que la reina repudiada escribió a su hija desde Buckden:

"Hija, hoy me han dado unas nuevas que, si son verdaderas, ha llegado el tiempo en que Dios Todopoderoso te quiere probar. Yo me huelgo mucho de ello, porque veo que te trata con mucho

amor, y te ruego que te conformes con su Santa Voluntad con alegre corazón, y que sepas que es cierto que Él nunca te desamparará si tú tuvieses en cuenta no ofenderle. Yo te pido, hija mía, que te ofrezcas a éste, Nuestro Señor, y que si en tu alma sintieses alguna pasión o amargura, te confieses luego y la limpies de todo pecado, y guardes los mandamientos de Dios y los cumplas muy puntualmente; que Él te dará la gracia para hacerlo, y con esto estarás bien armada y segura."

En la misma carta, le señalaba también algunas aplicaciones prácticas de sanas prevenciones:

"Si aquella dueña viniera a ti, como se dice, y trajese alguna carta del rey, creo que en la misma carta se te dará la orden de lo que debes hacer; fíjate que le respondas con pocas palabras y que obedezcas al rey en todo lo que te mande, que no sea contra Dios ni contra tu conciencia. Y que no te pongas en largos razonamientos con ella ni en disputas de este negocio, sino que de cualquier manera que sea y con cualquier compañía que te dé el Rey, uses pocas palabras y no te metas en nada.

"Quiero enviarte dos libros en latín para tu consuelo: uno, es un Vita Christi, con la declaración de los Evangelios; y el otro, las Epístolas de San Jerónimo, que él escribía a algunas mujeres, en los cuales hallarás muchas cosas buenas.

"Para tu recreación y alivio, tañe algunas veces el clavicordio o el laúd, si los tienes. Sobre todas las cosas, guarda el corazón limpio con santos pensamientos, y tu cuerpo puro y santo, aléjate de toda mala y liviana compañía, no tratando ni deseando algún marido. Mira que por la sagrada pasión de Jesucristo, te pido que no escojas algún estado ni te determines en tomar alguna manera de vida, hasta que pase esta tempestad y tiempo borrascoso; pero te aseguro, que tendrás buen fin, y mejor que podemos desear.

"Mucho querría que conocieras las entrañas con que te he escrito esta carta; que por cierto, ninguna he escrito más amorosa y mejor. Porque ya voy entendiendo que Dios te quiere mucho, y le suplico que por su bondad lo lleve adelante y te guarde. Ahora, hija, habrás de comenzar e ir adelante en los trabajos, que yo te seguiré de buena voluntad, y no estimo un pelo todos los que nos

pueden venir, porque, cuando hubieren hecho lo peor que pudieren, entonces confío que estaremos mejor. Da mis encomiendas a la buena condesa de Salisbury, dile de mi parte que tenga buen ánimo, porque no podemos llegar al reino de los cielos sino por la Cruz y tribulación."

"Hija, donde quiera que fueres, no tengas cuidado de enviarme recados, que si yo tuviera libertad, yo te buscaré o enviaré por ti. Vuestra amante madre, Catalina Reina."

En los párrafos de esta misiva materna, parecen removerse y vivir, como en las enseñanzas de Vives y en el ejemplo personal de Moro, los gérmenes de temple del alma de María Tudor. Temple que no conoció nunca la destemplanza que, ni en lo chico, supo de tibiezas ni deserciones de su obligación como princesa y como mujer.

Los derechos perdidos

María Tudor sabrá defender, en los tiempos cismáticos, su lugar de primogénita y heredera del trono.

Refieren los cronistas de la época, que cierto día el rey determinó trasladar la residencia de sus hijas desde Hatfield al Mor Park, y los criados del soberano organizaron la comitiva de tal forma, que implicaba superioridad jerárquica favorable a la hija de Ana. María se negó rotundamente a pasar por ello, exigiendo condiciones de igualdad en cuanto a literas, sillas, adornos y séquito. Y aunque no pudo impedir con sus protestas que los portadores de la pequeña Isabel, cumpliendo órdenes superiores, salieran primero, se las compuso de modo que sus conductores, valiéndose de atajos y empujones, se les adelantaran en el camino a los de la hermana usurpadora, y llegasen antes que ella al punto de destino.

No sirvieron ni los halagos ni las fingidas demostraciones amistosas de Ana para apartar a la joven de tan singular actitud. Cuentan los mismos cronistas, que al otro día coincidieron en la capilla la supuesta reina y María, y que al acercarse ésta al altar, hizo una reverencia. Cierta dama de honor de Ana, que ocupaba un lugar cerca del presbiterio, le hizo creer a su señora que el saludo estaba dirigido a ella. "Si me hubiera dado cuenta —dijo halagadísima la reina— hubiera correspondido con el mío." Y tratando de suavizar la tirantez, envió a María un mensaje, excusándose de no haberlo hecho. "La reina —dijeron a María—, la saluda ahora, y desea que esto sea el principio de una correspondencia amistosa, pues ella no quisiera más que poder abrazaros." La respuesta de la joven fue inmediata y tajante: "La reina está muy lejos —replicó—, y es imposible que me mande recados. Decid a lady Ana *Bullen,* que no conozco otra reina ni estimo amistades que no lo sean suyas. En cuanto a mi reverencia, fue al Creador a quien ella y yo debemos la vida." Por lo visto, cualquier cosa que hicieran el rey, la reina y el Parlamento, y por nada ni por nadie, había de decaer ella del puesto a que le daba título su legítimo origen. Sin embargo, tantos enfrentamientos y disgustos fueron retorciendo el carácter de la jovencita, quien empezó a odiar y a agriarse antes de terminar de desarrollarse física y mentalmente, y hasta su semblante se fue endureciendo con la rigidez de la rectitud, sin haber aprendido a sonreír y a responder a la bondad y al amor. F. Hackett, en *Henry VIII*, anota de manera aguda, que uno de los factores que influyó a formar la recia personalidad de María, fue la atmósfera envenenada que respiró en su hogar durante su adolescencia.

Aún no había cumplido 20 años, cuando trataba asuntos de cierta gravedad, por lo que no temblaba su pluma ni su voz de varoniles tonalidades. Tenía el mismo estilo y viril entonación, que fue característica en los escritos de su abuela (Isabel la Católica). Ejemplo de ello, es la carta que escribió en octubre de 1535, en la que arremete con Chapuys, incitándole a que su primo Carlos V tomase iniciativas decisivas en sus asuntos. "La condición de las cosas" —como ella decía— era "peor que maldita", y "el reino se desplomará en ruinas a menos que Su Majestad, en servicio de Dios, guarda de la cristiandad, honor del rey, mi padre, y compasión por las afligidas almas de este país, tenga piedad de nosotros y aplique remedio". "Pero estoy segura —proseguía, deslizando una indirecta— que ha de hacerlo, si está exactamente informado de lo que está ocurriendo."

Sabido es, que los usos y costumbres de la época eran en demasía indulgentes con los crímenes de Estado, y no es de extrañar, pues, que la hipótesis de cualquier fechoría contra María Tudor y su madre, fuera tomada en consideración por los actores del Cisma; ni tampoco que los partidarios de ambas mujeres fraguasen evasiones que las protegieran.

Más de una vez, por tanto, estuvo a punto *lady Mary* de ser rescatada por sus propios amigos. Se planeaba intentar el plagio cuando la princesa se encontrara en Greenwich, desde donde resultaba relativamente fácil llevarlo a cabo, pues se podría contar con la complicidad de los sirvientes más cercanos a María. Habría que disfrazarla y sacarla del palacio por la noche, para llevarla en un bote hasta algún barco imperial, bajo cuyo escudo se pudiera poner a salvo, y dejar en manos del emperador su protección y futuro. Mas cuantas veces se inició la trama, fue descubierta. En una de ellas, tres navíos españoles esperaban a María en *Lower Pool*, y la fuga estuvo a punto de lograrse, pero alguien dio aviso y no tuvo otro resultado, que un precipitado traslado de María de Greenwich a Eltham, durante el cual, para no dejar traslucir las sospechas que lo motivaban y evitar que ello redundase en mayor popularidad para la hija mayor del rey, éste ordenó que se le brindasen las máximas consideraciones y se le condujera en una de las más ricas literas de la corte. Lady Shelton, no obstante, recibió instrucciones de que se redoblase la vigilancia.

Si este intento de fuga se hubiera logrado, hubiera equivalido a un glorioso triunfo para la causa de los católicos, y también de los imperialistas. La mayor parte de los ingleses, e incluso, muchos de los que en otros extremos compartían los rumbos cismáticos de Enrique, consideraban a María la legítima heredera del Trono, pero ella vacilaría más de una vez en llevar a cabo el plan de su huida movida por un no extinguido respeto hacia su padre y rey, en quien seguía viendo un ofuscado juguete de la reina concubina. Ésta, su hermano y todos sus secuaces que ya empezaban a temer el fin de su poderío en la corte —principalmente porque Ana no tenía la suerte de dar a Enrique el heredero varón—, arreciaban más y más desde los puestos de influencia a donde les alzara el favor real, en asechanzas y persecuciones contra la reina legítima, su hija y sus partidarios, y los papistas. A esto se sumaría el encarcelamiento del padre Forest, el confesor de la soberana confinada en Kimbolton, que ya minada por una dolencia crónica, recibió una tarde la noticia de que su padre espiritual había sido condenado a ser colgado y quemado vivo. Reconcentrando los ya escasos alientos de su voluntad, Catalina le escribió una conmovedora carta de despedida; también escribiría a Carlos V, y... al rey. Eustace Chapuys fue el portador de una amorosa misiva dirigida a Enrique VIII, que concluye con la recomendación de que no se desampare a María: *"Os ruego que miréis por María, vuestra hija, la cual os encomiendo, y os pido que hagáis con ella oficio de padre."*

La muerte de Catalina

A pesar de que Chapuys solicitó la venia del rey para que María fuera al lado de su madre moribunda, Enrique se negó a ello; primero, con evasivas, luego, rotundamente. Y la joven tuvo que conformarse con los relatos de doña María de Salinas (lady Willoughby), quien mintiendo y burlando consignas, corrió al lado de Catalina antes de que expirara. Por ella sabría María, cuáles fueron las últimas palabras de su madre, de los preparativos del sepelio, del regateo de honores fúnebres en que el monarca agravió hasta el sepulcro mismo a la que seguía titulando "princesa viuda"; de la oposición del rey a que ella recibiera las condolencias; de la bulliciosa alegría de los bolenos, y de que su padre, feliz, no quiso llevar el luto de la viudez y se vistió de amarillo.

El viernes 7 de enero del año 1536, María Tudor, que aún no cumplía los 20 años, se quedó sin su madre. Pero puede decirse, de hecho, que para el gobierno y manejo de su persona, tal orfandad había comenzado mucho tiempo atrás. La muerte de Catalina representaba para su hija un dolor inmenso, y para la colitigante en el común pleito de la legitimidad de su nacimiento, un debilitamiento considerable de sus elementos de defensa. Pero María ya sabía desenvolverse con temprana pericia, y en lo fundamental de su posición, como la integridad de sus derechos, subsistía intacta. Su voluntad de mantenerlos permanecía magníficamente inalterable.

Después de la muerte de Catalina, Ana intentó congraciarse con María, enviándole emisarios con mensajes en los que le decía que si cambiaba de actitud, tendría en ella una amiga. Se cansaría de prometerle que disfrutaría de tantos honores como en sus mejores días, que se destacaría, pues, como "la primera figura de palacio". Fueron largos años de humillaciones para que, ni aun por dignidad de la memoria, podría María olvidarse de ellos. Y como Ana nunca consiguió del pueblo la simpatía que éste le demostró siempre a María, la detestó —de eso dan referencia los anales de su intimidad.

Aún no estaban lejanas las fechas, cuando el rey ordenó a lady Shelton que redoblara la vigilancia de *Mary*, temeroso de que pudiera servir de prenda o rehén en una insurrección; entonces Norfolk y lord Rochefor, el hermano de Ana, acusaron a la guardiana de lenidad y flaqueza. Como ella replicara que su custodia no daba el menor motivo para rigores, la Bolena se encolerizó con su tía, la acusó, incluso, de estar tolerando que grupos de simpatizantes abarrotaran las ventanas de su pupila, aclamándola princesa de Gales, y llegó a ordenar que la azotaran si insistía en que le dieran tal tratamiento. Ordenó, también, que si se empeñaba en no comer en la mesa general, no se le sirviera la comida. Las cuentas de la intendencia real muestran que, a pesar del mandato, continuó cargándole al rey un suplemento de 10 chelines por semana, en razón de que *lady Mary* seguía haciendo las comidas en sus habitaciones: señal evidente de que la reina Ana no había logrado desarraigar por completo de las entrañas de Enrique el amor por su hija.

Por el rey, precisamente, debía Ana congraciarse con María. Se daba cuenta que la muerte de Catalina podría acarrear su final. Mientras Catalina vivía, el rey no podía divorciarse de ella, pues se habría visto obligado a restituirla. Pero ahora, para los católicos, el rey era libre de volver a casarse. Coincidía ello con múltiples síntomas de que también a la Bolena le había llegado la hora del hastío, de la veleidad o de lo que fuera en el voluble afecto del rey. Habría que dejar de perseguir a María y suavizar asperezas para no dar motivos al rey. Pero hasta la ocasión estuvo mal elegida. Londres entero había atribuido a sugestión de la mujer, el mal reprimido júbilo de que hizo ostentación la corte tan pronto como supo el fallecimiento de la Catalina de Aragón, y a través de los relatos de sus adeptos, llegaban aún a las soledades de María, los comentarios de la fastuosa comitiva con que fue conducida, a raíz del suceso la princesita Isabel a la Iglesia, y del bullicioso baile que, la tarde del mismo domingo, hubo en el hall de palacio, fiesta en la cual apareció el rey con la pequeña en brazos como en son triunfante.

Así pues, la respuesta de María debía estar necesariamente de acuerdo con aquella carta materna desde el exilio, que ella había erigido en sus tablas de la ley. La de "salvando su honor y su conciencia", estaba dispuesta a obedecer en todo a su padre. Nada deseaba ella más, que vivir en la obediencia y en el amor de Enrique, pero bien claramente hizo ver —después de consultar con el embajador español—, que su actitud, hasta entonces, irreducible seguiría.

Tal vez en la opinión de Chapuys, la respuesta fue en exceso explícita e imprudente en estos puntos, pues él tenía por cierto, que los bolenistas estaban maquinando, por complacer a Ana, un atentado que acabase con *lady Mary*. Entonces el embajador propuso a Carlos V que, en defensa de su prima, enviase un comisionado especial a Enrique y Ana, para que les hablase recio intimándoles, o se decidiese a patrocinar resueltamente una fuga que pusiera para siempre a salvo a la princesa.

En efecto, había razón para pensar en ello, porque la serena respuesta de María, cerrando el paso a todo acomodo, había hecho retroceder a la Bolena sus antiguos planes. Una carta escrita por ella a lady Sheldon, conservada en los archivos vieneses (traducida de puño y letra de María Tudor), trasluce las intensiones:

Mistress Sheldon:

"Es mi deseo que no insista más en impulsar a lady Mary *hacia el favor del rey... Lo que yo misma hice, más bien, fue por caridad, que porque el rey y yo nos preocupemos del camino que ella tome ni de si va o no a cambiar de conducta. Cuando yo tenga un hijo, como espero en breve tenerle (efectivamente estaba muy adelantada en un segundo embarazo, que los maldicientes palatinos no atribuían al rey), sé bien lo que le sucederá. Acordándonos de las palabras de Dios, que nos ordenan hacer el bien a nuestros enemigos, intenté prevenirla de que aún era tiempo, pues sé por experiencia, que el rey no tomará en cuenta su arrepentimiento ni el cese de su locura, tan poco natural, si se somete cuando no tenga ya posibilidad de hacer otra cosa. Ella hubiera debido reconocer sus errores y sus malos sentimientos respecto de Dios y del rey, pero una ciega ofuscación le cierra los ojos hasta el punto de no dejarla ver más que lo que le gusta. Le suplico, pues,* mistress Shelton, *que no se ocupe más de hacerla volver sobre su ter-*

quedad, que a mí no puede hacerme ni bien ni mal. Continúe cumpliendo con su deber, aténgase a las instrucciones del rey, como estoy segura de que lo hará y siga haciéndolo, y pase lo que pase, esté cierta de que tiene en mí a su buena señora".

Ana R

Como puede verse claramente, el desdén de la Bolena era rabieta. Sin embargo, la fortuna quería por entonces, que María estuviera rodeada de leales servidores, y hasta al médico de su madre se le había permitido asistirla en el quebranto que los disgustos causaron a su salud. Las circunstancias facilitaban tentar el vado de una huida. *Lady Mary* estaba decidida a intentarlo si los demás coadyuvaban: Eltham se encontraba a muchas millas de la orilla del río, pero a ella, buen jinete, no le asustaba a cabalgata. El plan consistía en que un grupo de arrojados jóvenes, en pleno día, irrumpieran en el jardín cuando María, al parecer descuidada, estuviera paseando, violentasen las verjas de éste, se apoderasen de la princesa a la fuerza, la subieran a un caballo y saliesen a toda prisa hacia el punto de embarque, Gravesend. El lugar estaba poco poblado, la gente de los alrededores querían a la princesa. Después, un bote, luego, la travesía en un barco flamenco y... ¡la libertad! "Está tan apasionadamente ilusionada —escribía Chapuys—, que si se le dijera que tenía que atravesar el Canal en una criba, se lanzaría a ello."

Se planeó, pues, la aventura, cuidando todos los detalles; sin embargo, los peligros eran múltiples. El barco con que se contaba tendría dificultades a la hora de remontar el Támesis; la distancia de 40 millas que había que salvar por tierra requería relevos de caballos; no existía plena seguridad de poder conservar el incógnito ni de que todos guardasen el secreto... Finalmente, el emperador desautorizó la audaz empresa, y hasta el mismo Chapuys, que había puesto en prepararla toda su astucia, se alegró de que abortara. En cuanto a María, como la enemistad con Ana Bolena era muy comentada en los informes y despachos que por distintos conductos llegaban a Carlos, éstos le alentaron a no exponerla innecesariamente. Pronto se vería María libre de peligros por ese lado, sin afrontar riesgos de correr azares.

Por esa época Enrique se había acercado un poco más a su hija, y además, poco a poco iba creciendo el rumor de que el rey proyectaba descasarse de Ana para contraer matrimonio con Jane Seymour, otra dama de honor de la reina muerta, pero que en nada se parecía a Ana Bolena. Cuando le hicieron la observación a María de que si llegaba a realizarse este enlace, posiblemente el rey tendría hijos varones y ella perdería su derecho de inmediata heredera legítima del trono. La joven dejó ver su opinión en esta cristianísima frase: "con tal que mi padre salve su alma, poco me importa su sucesión."

Todavía, sin embargo, Ana se asía a una esperanza: la de dar a luz un príncipe. Así fue, pero a destiempo y muerto. La culpa —según ella— la tuvo el duque de Norfolk porque habiendo sufrido Enrique una caída del caballo, le había dado la noticia de golpe.

Después del 29 de enero de 1536, fecha en que Ana Bolena abortó, sus días en la corte estarían contados. Pronto sería acusada de adulterio, incesto, alta traición, y tentativa de regicidio, por lo que fue encerrada en la Torre de Londres. Horas después, Enrique VIII abrazaba a su bastardo Richmond en Westminster, diciéndole entre sollozos: "Ya podéis dar gracias al Altísimo, vos y la princesa María, porque os ha librado de una ramera que se proponía envenenaros a los dos."

El perjurio

Ana Bolena fue decapitada en la mañana del 19 de mayo de 1436, pero los bolenistas siguieron actuando en la corte, y quizá fueron ellos quienes empezarían a divulgar por todo

Londres, que Jane Seymour, dama de honor de Catalina de Aragón, e incluso, de la propia Ana, había tenido que ver en ello.

Mucho antes de la ejecución de la Bolena, ya corrían fuertes rumores de que la Seymour estaba ya instalada en las habitaciones contiguas a las del rey, comunicadas ambas por un pasaje secreto, y que a los 10 días de la muerte de Ana, Enrique VIII y Jane Seymour habían legalizado sus amores, casándose en ceremonia privada en la capilla de York Place, templo nupcial de la Bolena. Jane, en realidad no se parecía en nada a Ana, pues a decir de las crónicas de la época, era una mujer seria y dulce, con un don de gentes, que atraía por su correcta afabilidad, que imponía respeto, y que al contrario de la otra, ésta era de naturaleza sencilla, tímida, modesta y de modales suaves: hecha al modelo de "obedecer y servir". Jane Seymour era de sangre ilustre, maneras distinguidas, gestos bondadosos, y pronto se ganaría las simpatías de cuantos la trataran. Además, siempre conservó las prácticas de la religión católica: ayunos, vigilias y penitencias. Para ella, Catalina, su señora, no dejó nunca de ser la verdadera reina, y de ahí su aprecio por la postergada *lady Mary;* afecto respetuoso que fue creciendo hasta considerarse la más devota de sus amigas. Y de ahí, también, que tan pronto como se dio cuenta del ascendiente que había ganado sobre el rey a la muerte de Ana, le escribió alentadora a María: "Arriba el corazón. Vuestros infortunios tocan a su fin. Cuando cierta oportunidad llegue, debéis uniros conmigo."

Pero las crónicas también narran, que cuando Jane Seymour aprovechó las primeras que tuvo para hablarle a Enrique a favor de la que consideraba su princesa, al pedirle que la rehabilitara, el rey replicó con notoria grosería: "Sois una necia. De lo que deberías preocuparos, es de las excelencias que habrán de lucrar los hijos que vamos a tener, no de las de los otros."

Por otro lado, las consecuencias del repudio y sentencia de Ana Bolena alcanzaron de lleno a su hija Isabel, alejándola del trono, debido a una inesperada confesión de la ya condenada a muerte, pues al día siguiente de su encarcelamiento, llamó a Cranmer, y le reveló que su matrimonio, con Enrique, era nulo desde su origen, por haberse celebrado sin dispensa de cierto impedimento que no se hizo público. El primado de Canterbury trasladó la revelación a la Junta de Nobles y Teólogos, y esto bastó para que se declarase el 17 de mayo en su Tribunal de Lambeth, que el matrimonio del rey con la marquesa de Pembroke (Ana) era nulo desde el día de su celebración, lo cual llevaba implícita la declaración de la ilegitimidad de la princesa Isabel y, consiguientemente, su exoneración como legítima heredera del Trono, quedando ante el derecho establecido, sólo tres bastardos: el duque de Richmond (Enrique Fitzroy), *lady Mary*, engendrada en las anuladas nupcias de Catalina de Aragón, e Isabel, sobre cuyos derechos sucesorios había trazado su propia madre, el carácter de ilegitimidad.

Felizmente, Cromwell había convocado un Parlamento, formado al gusto del rey, para expedir un estatuto regulador de la sucesión al Trono, que borrando las máculas legales de su descendencia, lo reservase íntegro para ella. Así pues, si Jane le daba un varón, éste sería el futuro rey; pero si no, la indicada era *lady Mary*, que sobre los títulos de su derecho, contaba con tres que pesaban mucho en el ánimo de Enrique: el parentesco con el emperador Carlos V, la aceptación que le demostraba el pueblo y, últimamente, el patrocinio de la reciente reina.

No hay que olvidar que Enrique le había prodigado mucho cariño a su hija mayor durante su infancia; admiraba su entereza y su tesón, y aplaudía secretamente cuando la veía enérgica y resistente frente a los demás. Sin embargo, no toleraba que lo fuera frente a él, principal obstáculo que cerraba ahora el paso a sus deseos de complacer a Jane, y por lo tanto, de reintegrar a María en el goce de sus antiguas prerrogativas de inmediata sucesora.

El orgullo de Enrique VIII desde su divorcio para separar a Inglaterra de la obediencia a la Santa Sede, y erigirse como Jefe Supremo de la Religión Nacional, había propiciado la aparición de herejías. Amparado aún con el título de 'Defensor de la fe', conseguido en sus tiempos de ferviente católico en los enfrentamientos de Lutero con la Iglesia, se había erigido en definidor de dogmas y disciplinas, que luego secundaron e innovaron heréticos filósofos y eclesiásticos ingleses. Así pues, surgieron las doctrinas de Calvino y de Swinglio, y las de los sacramentarios y anabaptistas sobre la Transubstanciación, la Presencia Real, la Comunión en Dos Especies, la Penitencia y el Bautismo, y sobre la Gracia y la Justificación. Todas estas creencias religiosas eran permitidas en toda Inglaterra, aunque no pocos de sus jerarcas mostraban su protestantismo en las polémicas de los entendidos y en las propagandas de los perturbadores. Los dogmas, la liturgia, la organización eclesiástica patrocinadas por el rey, se derivaban por lo general del catolicismo. El rey —a quien lo que más le importaba era mantenerse a la cabeza de una jerarquía religiosa compacta y sometida a su albedrío— resultaba, por tanto, sobre todo al principio, una postura casi conservadora. Sin embargo, todas estas tendencias muy pronto rebasarían el control del monarca y colaboradores, ya que no podían consentir que nadie, y sobre todo, a los aún resistentes restos del catolicismo romano.

Y contra unos y otros elaboraron el sistema de gobierno político-religioso, que culminó en el "Acta de Supremacía" —aquella acta que querían que jurase María—, con arreglo a la cual, el rey "debía ser aceptado y reputado como única cabeza en la tierra de la Iglesia de Inglaterra, con pleno poder para inspeccionar, reprimir, corregir, reformar y enmendar todos cuantos errores, herejías, abusos, insolencias y disparates realizados por cualquiera de las autoridades o jurisdicciones que deban ser legalmente reformados". Sólo la Corona tendría facultad para hacerlo. Sólo ella, también potestad, para establecer y hacer ejecutar penas de toda clase, incluso la capital, en materia eclesiástica. Sólo ella, quien pudiera suprimir órdenes religiosas, nombrar y deponer obispos.

Pocos meses después, posesionado Enrique de la jefatura de la Iglesia, nombró a Cromwell, Vicario General —algo así como vicepresidente— del soberano en la esfera confesional. Entonces comenzó la Era, que los historiadores ingleses denominan el "Terror de Cromwell", en la que se cerraron conventos y monasterios, y se expropiaron sus riquezas; época peligrosísima de continuo sobresalto, en la cual los hombres vivían en constante temor. Enrique veía por todos lados el rastro de la deslealtad, Cromwell aprovechaba la oportunidad para multiplicar las persecuciones, e inventaba procesos de alta traición. El suplicio de Fisher, de Moro y del padre Forest, no fue sino el primer acceso de una fiebre destructora que llevaba trazas de opresión.

En este inquietante ambiente vivía inmersa María, y por eso actuaban tan insistentemente sus consejeros, encabezados por el embajador de España (Chapuys), para que pusiese todo de su parte para congraciarse con su padre y soberano. Quizás ella se guió más que nada por los impulsos de su corazón y se decidió a tentar la facilidad del camino. Desde Hunsdon, donde se encontraba, escribió a Cromwell solicitando su mediación, rogándole que procurase solucionar los problemas que no le permitían comunicarse directamente con el autor de sus días. "Antes de ahora —decía—, me daba cuenta de la inutilidad de este intento, viviendo la mujer que ya se fue, y por la cual pido a Dios, en su gran Misericordia, que la perdone."

El canciller, que por antifrancés y antibolinista venía inclinándose entonces hacia los imperialistas y presumía ser buen amigo de la princesa (posteriormente pretendió su mano), tomó a su cargo sondear el estado de ánimo del monarca. Éste, ufano, otorgó la bendición a su hija y le autorizó que le escribiera, lo que hasta entonces le estaba prohibido hacer. Dos días después, María enviaba al rey una carta, suplicando la perdonara por cuanto le hubiera ofendido. Le afirmaba que en todo, Dios salvado, quería someterse a su benignidad y a sus deseos. Pedía "humildemente a Vuestra Alteza, considere que soy una mujer y vuestra hija, la cual ha entregado a su alma a Dios, y su cuerpo en este mundo a lo que de él quiera hacer vuestra voluntad". Y terminaba felicitando a su padre por el nuevo matrimonio, asegurando que en sus oraciones cotidianas, pedía que el cielo enviase a Su Gracia, sin tardanza, un príncipe, un príncipe varón, quien, de nacer, se le antepondría en derecho sucesorio... Enrique no contestó. Tantas reservas y alusiones a Dios, condicionaban el sometimiento con limitación tan excelsa pero tan clara, que mal podía complacer a quien no olvidaba la decisión de su hija de negarse a prestar acatamiento a la ley que le enalteció como Jefe Supremo de la Iglesia.

El rey requería que fuera más explícita, rotunda y categórica en su declaración de someterse a él como padre, como rey, como pontífice inglés, en fin, como todo. Y no respondió a la misiva de María, quien después de un tiempo de silencio, le dirigió a Cromwell una carta, a la que anexaba una joya para que fuera entregada a su padre. La carta señalaba: *"Ya se me hace largo no recibir ningún consuelo de la Gracia del rey. De tal modo, deseo saber que ha aceptado mi carta y cancelado su disgusto conmigo, que todo en mí me impele a la audacia de ofrecerle ese regalo."* Pero había un motivo para que María no recibiera respuesta alguna: Cromwell y Chapuys, habían interceptado aquella carta y juntos buscaban la manera de redactar una nueva que María firmara. Sin embargo, esto no se llevó a efecto, porque cuando Cromwelll visitó al embajador con motivo de las Pascuas, le comentó que tanto el rey como la reina, estaban muy satisfechos de la forma tan correcta en que se expresaba en sus escritos la princesa.

Pocos días después, ésta era invitada por el canciller a redactar otra petición, la definitiva, de la cual ella haría dos ejemplares: uno sellado para el rey, y otro simple, para Cromwell.

Mas el canciller quedaría aterrado al recibir el documento, pues advirtió que la princesa había intercalado en la súplica final, una frase que debilitaba toda su virtualidad a manera de súplica. En efecto, la misiva terminaba así: "Humildísimamente', postrada ante vuestros nobles pies, queda vuestra 'obendientísima' súbdita y humilde hija, no sólo arrepentida de cuanto os ofendió hasta aquí, sino resuelta sencillamente de ahora en adelante y por completo, *salvo Dios Todopo*deroso, a poner su fortuna, su porvenir y su vida a vuestra generosa merced."

La salvedad que sobresalía en el mensaje, dejó helado al mediador, máxime cuando en una carta personal dirigida a él, *lady Mary*, después de agradecerle los servicios que le venía prestando como "uno de mis principales amigos —le decía—, yo os pido por la pasión que Cristo sufrió por vos y por mí, y con la confianza verdadera que tengo en vos, que con vuestra gran sabiduría os hagáis cargo de mis intenciones, y de que no estoy dispuesta a ir más allá de donde he ido. Pues os aseguro por la fe que debo a Dios, que he hecho lo más que mi conciencia me consiente, y ni quiero ni pienso hacer tampoco menos de lo que he hecho. Pero si se me exigiera algo más (hablo lisa y llanamente con vos, como mi gran amigo), mi dicha conciencia no lo sufriría. Ello exceptuando, ni vos ni nadie deseará verme obedecer al rey tanto, como yo estaré pronta a hacerlo; pues os prometo (y Dios me ayude, si lo necesito) que mejor perderé la vida de mi cuerpo, que disgustar de buen grado a Su Gracia".

Impresionado Cromwell por tan resuelta actitud, sabedor de que Enrique se estaba impacientando, y consciente de que incluso peligraba su propia posición si el enojo del rey estallaba, no sólo se negó a entregarle el escrito de

María, sino que redactó otro más humilde, ponderando a ésta la necesidad ineludible de firmarlo sin demora ni retoques. No había en él la más mínima limitación al ofrecimiento de lealtad. María, pedía a su padre únicamente el olvido de sus culpas, sometía absolutamente su vida, su situación, su jerarquía a lo que él quisiera; se conformaba de antemano con cuanto Enrique dispusiera, no se reservaba ni un resto de voluntad y declaraba que, si alguna vez lo ofendió, no fue con mala intención, sino por su inexperiencia e ignorancia. Esta vez, *lady Mary* estampó su firma sin oponer ningún reparo, y después explicó al canciller por qué había intercalado la frase que tanto le soliviantara: "No me explico por qué lo tomasteis así... yo no puedo creer que la bondad del rey quiera llevarme a nada que ofenda a Dios o a mi conciencia. Si escribí eso, fue por costumbre. Tanto por escrito como cuando hablo, acostumbro siempre a dejar a salvo a Dios."

María había enviado a Cromwell, sólo un ejemplar de la misiva para que fuera entregada al rey, y la mandaba sin lacrarla con su sello, para que el intermediario pudiera corregirla a su placer. "Me faltan fuerzas —decía— para escribir una copia." Lo que empezaba a faltarle, sin duda, era la salud. Destrozada física y moralmente por la continua tensión nerviosa a la que estaba sometida, dañaba considerablemente su débil salud —que nunca conseguiría restablecer—, se quejaba con el canciller de que le dolían las muelas, y de que le atacaba la jaqueca. Pero no le decía que le dolía el alma, pues empezaba a temer que el rey, exasperado ante su resistencia, y sobre todo ante lo que él llamaba su testarudez, no cejaría hasta que su recapitulación fuera terminante, clamorosa y a la vista de todo el mundo: tendría que reconocerlo públicamente como Jefe de la Iglesia, y aprobando la anulación del matrimonio de sus progenitores. Sabía que para calmar la exaltación de los nervios del soberano, Chapuys costeaba cada noche músicos y trovadores que entonaban sedantes melodías bajo las ventanas de palacio. Sabía —por lo menos, así se dijo en la corte— que hasta el mismo Cromwell, tan amistoso con ella, había dicho que si no se sometía por entero, él mismo haría que le arrancasen la cabeza para después darle de puntapiés. Y sabía, en fin, que el duque de Norfolk estaba por visitarla para recabar de ella manifiesto acatamiento a la supremacía religiosa del rey y el reconocimiento sin reservas de su bastardía.

Pero aún asistía a María otra esperanza inmediata: su buena amiga, la reina Jane, quien era católica de corazón. Reintegrada ella a la corte, ¡cuánto podrían hacer ambas por el voluntarioso espíritu del rey! Urgía, pues, robustecer el influjo que por el momento ejercía sobre él la nueva reina, de temple tan opuesto a la Bolena, con tacto y dulzura. Ella podría ayudarle a que el rey la reconsiderara, y para su salvación y la del reino, convenía que las dos estuvieran cerca de él, rodearle no de herejes y herejías más o menos disfrazados, como entonces, sino de espíritus sustancialmente creyentes en la sana fe católica, cual lo era ella, cual después de todo lo era fundamentalmente Jane. Ése fue, sin duda, el principal móvil que la indujo a esbozar el deseo de obtener el perdón de su padre.

Sin embargo, todavía María escribiría dos cartas, dos peticiones de consejo que lady Shelton no se atrevió a interceptar: una, para sir Tomás Cromwell, y otra, para el embajador de Su Majestad, el emperador y rey, Carlos de Austria. No tardarían en llegar las respuestas: ni uno ni el otro le infundían ánimos para seguir resistiendo. Al contrario, ambos la impulsaban a la claudicación. Entonces, la aún muy joven princesa, sola, sin ninguna mano amiga que la ayudase a resistir tanta presión, resolvió ceder al fin.

La despiadada determinación del rey para doblegar a su hija no era dictada sólo por un capricho tiránico. Enrique se daba cuenta de que la resistencia de María encontraba peligrosos ecos en varias capas de la opinión pública, y por eso estaba decidido a quebrantarla. Una vez conseguido su propósito, daría incluso muestras de su antigua benevolencia; y así lo hizo, pero no tan pronto como se esperaba.

Madrastra querida

Con la misiva de Cromwell, había recibido María dos documentos que tendría que suscribir si quería salvarse: una carta para su padre, y una declaración oficial en la que quedaría estampado para siempre el testimonio de su vencimiento. A mediados de junio de 1536, un jueves a las 11 de la noche, María Tudor envió a su padre los documentos de su atropello. En la carta ("lo más humildemente postrada a vuestros pies"), se declaraba su súbdita más obediente; reconocía que sólo podría presumir de llamarle padre por la bondad con que la benevolencia y muy bendita naturaleza de él, quisiera perdonar todas sus ofensas, maldades y culpas ("siendo como es siempre misericordioso y dispuesto a recibir al penitente que pide gracia a tiempo"); le decía que, el secretario (Cromwell), le había escrito aquella misma noche unos renglones garantizándoles el perdón real, si se sometía inmediatamente y con la condición de que no rehusase firmar ciertas cláusulas y ordenamientos con los cuales quería Su Alteza probar la existencia de sus afectos internos; proseguía afirmando, que se acusaba de haber procedido lo más perversamente y 'contranaturalmente', no sometiéndose antes a sus justísimas y virtuosas leyes; se ponía, pues, completamente a su merced. Continuaba comprometiéndose – "en aquellas cosas en que hasta ahora rehusé condescender" – a no suplicar gracia, ni piedad, ni compasión del rey si se apartaba, alteraba o variaba en lo más mínimo de lo que había escrito o suscrito, y como siempre, había reconocido la erudición, sabiduría y virtud de su padre; ponía el alma bajo su dirección, sometía, asimismo, la de su conciencia, y entregaba su cuerpo a la piedad de Enrique. Y al despedirse, volviendo a llamar al monarca "el más misericordioso señor y el más benigno de los padres", imploraba nuevamente cuanta clemencia fuese necesaria para prescindir de sus iniquidades con Dios, con Su Gracia y con el Reino. De todo esto, ponía por testigo a Dios mismo, "al que diariamente pido la conservación de Vuestra Alteza y de la reina con quien Él quiera concederos sucesión".

Adjunta a esta epístola, había una nota que María no había querido firmar, y que más o menos decía así: "*Confesión que yo,* lady Mary, *hago respecto a ciertas cláusulas en los cuales lisa y llanamente declaro mi sentir interno, creencia y opinión con debida conformidad a las leyes de este reino, proponiéndome persistir para siempre y continuar en esta determinación sin cambio, alteración ni variación alguna. Pido ante todo, a Su Majestad, el rey, mi padre, a quien obstinadamente y desobedientemente falté hasta aquí, negándome a lo que subsigue, que olvide mis ofensas por ello y me admita a su más alto favor.*" Y tras este encabezado concretaba: "*Primero, confieso y reconozco, que Su Majestad, el rey, es mi soberano señor y rey, bajo la imperial Corona de este reino de Inglaterra, y me someto a Su Alteza y a todas sus leyes y estatutos, como toca hacer a todo verdadero y leal súbdito... Segundo: Reconozco, acepto, tomo, reputo y admito a Su Alteza, el rey, como suprema cabeza en la Tierra, bajo Cristo, de la Iglesia de Inglaterra y recurso la del obispo de Roma pretendida jurisdicción, autoridad y poder... Y también redondamente, renuncio y abandono todo género de remedios, intereses o ventajas que yo haya podido pretender de las leyes del obispo de Roma, sus procesos, jurisdicción y sentencias tanto ahora como en lo venidero... Tercero: Sé y reconozco libremente, francamente y en descargo de mi obligación con Dios, como la Alteza del rey y con sus leyes, que el matrimonio que hubo un día entre Su Majestad y mi madre, la difunta princesa viuda, fue ante las leyes de Dios y de los hombres incestuoso e ilegítimo.*"

Por su propia mano, María se daba de baja en los registros de la Iglesia Católica Apostólica y Romana, estigmatizaba a su madre y mancillaba su fe de bautismo, a cambio de ser aceptada nuevamente por su padre, pero su conciencia la atormentaba. Inútilmente Chapuys la consolaba, repitiéndole que había actuado obligada por la necesidad. "Nunca ha hecho nada mejor —escribía a Carlos V—; si hubiera dejado escapar esta ocasión, nadie en el mundo hubiera podido salvarla." Y se vanagloriaba de haber asistido a la joven hasta en su última crisis de desmayo: "Después de firmar —refería el embajador— quedó muy abatida y tuve que librarla de sus escrúpulos, dándole seguridades absolutas de que el Papa no la censuraría por haber procedido así, sino que hasta consideraría que había obrado perfectamente." Estas consideraciones no le causaron ningún alivio, pero si pidió al embajador que le hiciera llegar en secreto al Papa una carta solicitándole la absolución.

Pasaron muchos días antes de que Enrique permitiera que María besara su mano; antes, quiso sondear por medio de Cromwell, el sentir íntimo de María. Ésta, cautamente, persistiendo en la postura adoptada y que estaba resuelta a preservar, no dio motivos para dudas. Respecto a su relación con Isabel, la llamaría "princesa" si su padre se lo ordenaba y, en todo caso, la llamaría "hermana". Pero, aún así, el rey siguió haciéndose del rogar, hasta que por inspiración de la reina Jane, acordó que antes de reintegrar a María a la vida de la corte (vida de la que llevaba cinco años ausente), tendría con su hija una entrevista en privado. Así pues, el 6 de junio, el rey y la reina se trasladaron a Hackney, una rústica mansión a donde recientemente había sido llevada María. A pesar de que este encuentro se quería mantener en secreto, uno de los informantes de Chapuys, recogió los detalles: "El rey recibió a su hija con una efusión y amabilidad, que semanas antes se hubiera tenido por inconcebibles. Empezó a dolerse por el tiempo que estuvo privado de verla... y de manera risueña le prodigó muestras de paternal afecto, halagándola con fútiles promesas. La reina, visiblemente satisfecha, regaló a su hijastra y amiga un diamante, y el padre le entregó mil coronas de oro, añadiendo que no volvería a preocuparse por dinero, pues tendría cuanto quisiera. María, después de tantos sufrimientos, quedó sinceramente encantada con aquellas demostraciones de afecto." Pero cuando su padre y su madrastra se retiraron, se volvió a sentir temerosa y le escribió al rey una espontánea carta, expresándole su gratitud por aquel paso, y asegurándole estar enmendada por completo de sus antiguas tonterías, reiterando que era su esclava, humildísima, leal y obediente súbdita, y pidiéndole a Dios conservase su salud y la de la reina, de quien deseaba tuviera descendencia.

Coincidiendo casualmente con la reconciliación de padre e hija, la muerte se encargó de apartar otro obstáculo en el camino de María Tudor. El 22 de julio, como ya se venía temiendo, fallecía en Colleweston, el duque de Richmond (Fitzroy), suceso que, en la opinión de Chapuys, convenía a los intereses de la princesa, a quien su padre pareció redoblar las expresiones de cariño, y hasta le regaló un medallón en el cual iban los retratos de Enrique y Jane, y el de ella misma, por el otro. El rey siguió enviando regalos a su hija, pero acabó julio y la mitad de agosto, y la joven seguía sin ser recibida de un modo oficial en la corte. Enrique VIII desconfiaba aún de la sinceridad de su hija, temiendo que mantuviera correspondencia con el emperador, y para cortar de raíz cualquier duda, ella le envió dos borradores de cartas, en los cuales decía a su primo, que después de que personas eruditas, y aun el Espíritu Santo la instruyeron debidamente en los libros sagrados, había decidido aceptar por Jefe de la Iglesia a su padre, y declarar ilegales las bodas de su madre, rogando a Carlos que él mismo difundiera la noticia, al fin de que el rey, quien estaba siendo tan bueno con ella, no tuviera pretexto para cambiar de conducta.

María envió estas cartas con el embajador Chapuys, no sin antes encargarle, discretamente, que hiciera saber a su primo la falta de espontaneidad de las mismas. Había aprendido a engañar a su padre y se perfeccionaría aún más en el fingir, según fuera indispensable. El embajador satisfecho, le comentaría a su señor: "Creo que una vez en la corte, ella arreglará cosas con su buen sentido."

Sin embargo, las puertas del palacio de su padre apenas se entreabrían para ella. En esos momentos, Enrique VIII se ocupaba de asuntos más graves, no ajenos enteramente a María —por quien tanto se interesaban la reina y Cromwell—, pero de mayor trascendencia que su restablecimiento en la corte. Vagos pero importantes rumores, venían augurando serios disturbios engendrados en el malestar religioso, y enfocados, al parecer, hacia la restauración de antiguas devociones y cultos populares. En la madrugada del 2 de octubre llegó al castillo de Windsor, la noticia de una insurrección en la cual los revoltosos obligaban a la gente a jurar solamente por Dios, por el rey y por el bienestar del país. Crecientes clamores abogaban por la restauración de los monasterios, la devolución a éstos de los diezmos, y por la suspensión de las leyes de sucesión a la Corona por distintos conductos; también se proclamaba la legitimidad del nacimiento de *lady Mary,* y se negaba al rey la facultad de disponer el Trono por testamento. Los revolucionarios incendiaron parte del condado de York, y hubo enfrentamientos en otras partes del reino, los cuales intentaron sofocar los duques Norfolk y Suffolk, al enfrentarse con 25 mil hombres al grupo reunido en torno de Roberto Aske y de otros nobles y burgueses, quienes hicieron suyas las reivindicaciones del condado de Lincolnshire, que entre repiques de campanas concentraban sus peticiones en una sola: que Inglaterra volviera a tener, como antaño, un solo Dios, un rey y una fe. Más de 40 mil personas propugnaban por que regresara la religión tradicional a Inglaterra, y el rey enfurecido pretendió sofocar la insurrección por medio de la violencia; sin embargo, lograrían persuadirlo de que había de cambiar de táctica, convenciendo al pueblo a través de engaños y fingimientos.

Ninguna de las crónicas complica el nombre de María en estos sucesos que duraron breves, aunque intensas semanas, y que concluyeron con la inmolación de numerosas víctimas —Aske, lord Darcy, Constable, Cockerell, Percy, Bigod, entre muchos otros— que sucumbieron a la furia real o felonía del soberano, que no dudó alzar el cadalso sobre los cimientos deleznables de sus ofrecimientos de perdón y de cambio de rumbo. ¡Qué bien enseñaba a María su vindicativo padre, lo que debe hacer un rey en caso de tener que arrancar de raíz un brote subversivo! La circunspección y mesura de la joven fueron tales, que aun el mismo Enrique se dejó ganar por el convencimiento de su leal inocencia, y como era justo satisfacer sus demandas, la reina Jane pudo ver complacida que el rey le otorgaba a su hija transigencias y concesiones. En tanto, María, en Hunsdon, en donde continuó por algunos meses más, advertía que aun cuando oficialmente no se alteraran las normas de la convivencia con su media hermana Isabel, todos le guardaban a ella grandes consideraciones y unas deferencias que ya tenía olvidadas. Con mayor tranquilidad se dedicó a perfeccionar sus conocimientos, leyendo, bordando, tocando el clavicordio y el laúd.

Cuando finalmente *lady Mary* fue llamada al palacio, ocupó en seguida un sitio inmediato a la reina, su amiga, quien la tenía consigo siempre que podía, mostrándole tantas deferencias, que cuando tenían que pasar por una puerta y ella retrocedía para cederle el paso, Jane la tomaba de la mano y entraban juntas. Pero su culminación de gloria, fue, sin embargo, la solemne recepción celebrada en el palacio con motivo de las navidades. Todo el trayecto, desde Westminster a Greenwich, estaba decorado con adornos de terciopelo y raso, y una multitud se abarrotaba al paso de la comitiva. En *Flete Street* les aguardaban frailes de las cuatro órdenes, portando cruces, cirios y copas de oro, y en el atrio de San Pablo, el obispo de Londres y un coro, entonaban cánticos religiosos; en *London Bridge* los esperaban todos los miembros del "clero parroquial" con los más vistosos ornamentos, y había filas de oficiales con diversos uniformes, gorros y capisayos en diversos puntos del camino. El regio cortejo pascual desfiló entre el cúmulo de elementos oficiales, respaldado por una muchedumbre jubilosa, dirigiéndose a la mansión natal de María, para que ahí tuviera efecto la ceremonia simbólica de su reintegración solemne a la familia real.

La joven María pasó una corta temporada en Greenwich con su padre y Jane, y la vieja *Historia manuscrita* de Belvoir, relata que estando presente un reducido grupo de la nobleza, el rey tomó de la mano a María, lo mismo que la reina, y ambos dieron efusivamente la enhorabuena a la emocionada princesa. Mas de pronto, Enrique se volvió hacia los presentes y, agresivo como solía ser, dijo: "Alguno de vosotros hubierais preferido que yo diera muerte a esta alhaja" —aludiendo a la represión de la insurrección católica de unos meses antes—. Jane añadió inmediatamente: "Pues hubiera sido gran lástima, porque habríais perdido la alhaja mayor de Inglaterra." Sin embargo, el rey no podía consentir tal galantería, y furioso se puso a gritar tocando el vientre de su esposa: "No, no, ¡Eduardo! ¡Eduardo!, y con esto hizo saber a María que en cuanto llegase el heredero varón ella quedaría relegada." Dice la misma referencia, que la princesa se asustó tanto con la acción de su padre, que se desmayó, y que éste se asustó al ver su hija pálida y desvanecida. Una vez que se recobró, el rey se extremó en tranquilizarla, asegurándole que nada haría en contra de ella. Durante algunos meses la princesa creyó haber recuperado por completo el favor del rey, permaneciendo con la corte en los palacios de Greenwich, Richmond, Westminster y en St. James, sin olvidar su antigua residencia de Beaulieu.

La holgura material en que vivía *lady Mary* en aquella época, se refleja en las notas de sus *Privy Purse Expenses*. Ellas hablan de su libertad para gastar, de sus ahorros, de sus pequeñas alegrías y de la bondad de su corazón.

Enrique seguía rastreando las huellas de los promotores del levantamiento e imponiendo castigos, los más de los cuales recaían entre los que simpatizaban con su hija. Entre ellos, tenía en la mira a los miembros de la familia de Salisbury, la institutriz de la primera infancia de María y ahora su dama, y muy principalmente a su hijo Reginaldo Pole, cuyo nombre seguía sonando persistentemente (no obstante ser clérigo), como posible marido de *lady Mary*. Pole en posición contraria al rey desde tiempo atrás, se había cerrado a esa posibilidad nupcial, pues su reciente libro *De úntate ecclesiastica,* era una apología de los mártires Fisher y Moro, y un encendido manifiesto contra el cismático soberano inglés.

Todo esto comprometía la suerte de la familia Salisbury, y temiendo por ellos, María vivía en constante inquietud. Además, su mayor desconsuelo era que, a pesar de las promesas de Chapuys, Su Santidad no accedía a otorgarle la absolución. Exigía —según verídicas referencias— que ella hiciera una retractación tan pública y solemne, como había sido su profesión cismática. Debía retractarse ante las mismas personas que intervinieron en su sumisión a Enrique. La exigencia era lógica sin duda, porque lo que no tomó en cuenta María cuando dio oídos a los ofrecimientos del embajador de España a la hora de firmar los documentos en Hudson, fue que en el fondo no solicitaba del Sumo Pontífice el perdón del pecado cometido, sino una autorización para seguir pecando: una concesión que le permitiese mostrar a los católicos del mundo que se podía ser inglés en la liturgia, en el acatamiento de la liturgia hereje, en la admisión, incluso, de irreverentes infracciones al dogma o la doctrina, **y** continuar llamándose hijo de la Iglesia Católica. Era pues, un asunto muy delicado, porque con poco que se moviera el caso, la petición y la negativa podrían trascender fuera de los papeles, y hasta la vida de la princesa correría peligro. Cuando le llegó a María la noticia de la negativa pontificia volvió a derrumbarse espiritualmente, pero no podía retroceder ya.

Mientras tanto, en palacio, el rey estaba eufórico al influjo de una esperanza que ya pregonaban las campanas de San Pablo, llamando a un *Tedeum* en acción de gracias. Corría el mes de marzo de 1537, y hacía dos meses que la reina de Inglaterra había sido 'visitada por Dios': Jane Saymour confiaba en que el cielo le concediera un hijo, un indiscutible sucesor del trono. Y no hubo desde entonces para él más preocupación, que atender a su joven esposa, cuidarla y rendirse a sus antojos. Se dice que hizo traer de Francia los guisantes y cerezas que le gustaban a la reina, y que no se alejaba de ella más de lo indispensable, lo cual, por cierto, le sirvió para aplazar la coronación de la reina en York, según había ofrecido.

Al fin, tras un embarazo delicado, lleno de cuidados, el 12 de octubre, Jane dio a luz, en Hampton Court, un varón, al que de hecho ya llamaban "Eduardo". Nuevos repiques de las campanas de San Pablo anunciaron el acontecimiento. Hubo *Tedeum*, cohetes, música, disparos de cañón y banquetes para saludar al futuro Eduardo VI. La pila bautismal fue llevada al palacio desde Canterbury, y tres días después, el pequeño príncipe era conducido hasta ella en brazos de *lady Mary*, su madrina. La ceremonia por órdenes del rey, revistió un esplendor sin precedentes, y María obsequió a su ahijado una magnífica copa de oro.

En tanto, olvidada de la corte, aunque no ciertamente de María, la reina, cumplida su misión, se extinguía en los ardores de una fiebre consuntiva que al principio no alarmaba. Justo es decir, que el rey compartió con María la atención, primero, y el dolor, después. En la noche del 24 de octubre, Norfolk reclamó la presencia del canciller: "Venid mañana a primera hora de consolar a nuestro buen señor, pues hay muy pocas esperanzas de que nuestra señora sobreviva. Temo que ya no esté ya en este mundo cuando recibáis estas líneas." Efectivamente, Jane Seymour murió esa misma noche y aún no cubría la tierra el cadáver, y ya se estaba tramando sustituirla. El 12 de noviembre, sustituyendo a su padre que se había adelantando al cortejo para recibirlo en Windsor y disponer el sepelio en San Jorge, María, vestida de negro, cabalgando sobre un enlutado corcel, presidía la fúnebre comitiva con el rostro demudado, pálida la tez y el agotamiento reflejado en el rostro, dejando traslucir un sufrimiento espiritual más hondo y destructor que la neuritis bucal que volvió a atormentarla como en los días de su adjudicación.

Siete años y más madrastras

Después de la muerte de Jane Seymour, Enrique VIII llamó a María para que ocupara el puesto correspondiente a su jerarquía y le ayudase, tanto en lo oficial, como en lo familiar, en recepciones y ceremonias palatinas. Es cierto que pasó algunos meses al lado de su padre creyendo haber reconquistado su afecto, pero el rey, temeroso de que nobles, obispos y servidores domésticos fraguasen en torno de ella algo contra él, la hizo alejarse poco a poco y de manera discreta, de un escenario donde ella echaba de menos a su amiga Jane. *Lady Mary* lo acompañó sólo hasta el mes de diciembre, trasladándose después a Richmond para las Pascuas, y luego a Hanworth, a Syon, a Herthford y a Enfield. A veces sola, otras con su hermana Isabel o con el pequeño príncipe, y frecuentemente con los dos, inició un régimen de vida tranquilo y casi independiente. Pero a pesar de encontrarse aislada físicamente de todo contacto con los asuntos públicos, no por ello dejaba de interesarse y estar al tanto de las cosas que podrían afectarla.

El rey no sólo se había vuelto a mostrar frío e indiferente con ella, sino que además la inculpaba, y no sin motivo, pues al Norte del país, y como consecuencia de las incautaciones de bienes de los grandes monasterios, surgía de nuevo la insurrección de los católicos, que con todo descaro, se lanzaban a elevar como lábaro de sus movimientos el nombre de María. Ésta, sin embargo, correcta y inescrutable, ni incluso por el menor descuido, se limitaba a sus labores, a jugar a las cartas con sus damas de honor, a sus íntimas devociones, a caridades, a bordar un cojín para Wriosthesley, a coser un gorrito para el pequeño príncipe o adquirir algún regalo para Isabel.

Su absoluto retraimiento le daba crédito hasta cierto punto, para que, aun desde lejos, rogara a su padre misericordia, aunque casi nunca con éxito. Wriosthesley, el consejero favorito del rey, había ordenado el saqueo y profanación de las cenizas y el tesoro de Tomás Beckett, y le había llevado provenientes de la hazaña, siete cofres desbordantes de oro y piedras preciosas, entre ellas, el magnífico rubí —cortesía de Francia— que brillaba deslumbrante en el relicario de Canterbury, y que luego lució Enrique en el anillo de su pulgar. Por otra parte, María ya no podía confiar en Cromwell, no sólo porque éste se desengañara de su audaz aspiración a su amor, sino porque era notorio que tampoco tenía con el rey tanto predicamento como antes. Así pues, aumentaba más su aislamiento con la casi completa incomunicación entre su servidumbre y los criados del palacio de su padre.

Tal situación explica que nada eficaz podría hacer María para impedir la detención en la Torre de Londres, de Godofredo Pole (hermano menor de Reginaldo) en agosto de 1538, y luego, dos meses después, la de su madre, la ya anciana condesa de Salisbury; la del hijo mayor de ésta, lord Montague; la de Eduardo Neville; la de la marquesa de Exeter, tía del rey, con su marido, Guillermo Courtenay, y su hijo Eduardo; la de Nicolás Carew; la de sir Dingley y otros más, todos ellos acusados de conspiración contra el rey, sin pruebas suficientes.

Ajena a todos estos problemas, en los que sí sonaba su nombre, nadie pudo ver mezclada su voluntad —y sí bien clara su inocencia por unas cartas cruzadas con Exeter que ella misma facilitó—. *Lady Mary* estaba exenta para poder llegar discretamente hasta el rey con ruegos y deseos de compasión. Pero todo fue inútil, todos ellos perdieron la vida a excepción de la marquesa de Exeter, su hijo y la condesa de Salisbury.

Pero María no cesaría por completo en sus intentos viendo el rumbo que tomaron los sucesos: parecía que su sacrificio daba algún fruto. Enrique, como si quisiera borrar de su conciencia la sangre de tantos católicos, la cubrió, casi en los mismos días, con la sangre de desventurados heréticos, cuyas herejías no coincidían con las suyas. Las hogueras de Smithfield, habitual horno de delincuentes —que tanto habían de flamear luego en las crónicas del reinado de María, 'la Sanguinaria'—, se prendían uno y otro día para quemar alternativamente papistas y protestantes. La joven princesa conocía lo bastante a su padre para no creer que fuese por servir a su conciencia; no era su convicción, sino su táctica lo que le movía a cometer tantas atrocidades. Enrique, tanto en el interior de su reino como en el resto del mundo, quería que se le reconociese por un hombre de centro, por un maestro de la equidad. Inglaterra estaba dividida en esa época en dos grandes corrientes: los conservadores o tradicionalistas, y los revolucionarios o innovadores. Una y otra tendencia oscilaba del centro hacia la derecha o del centro hacia la izquierda, y astutamente había procurado rodearse sólo de aquellos últimos. Concediendo o rehusando, consintiendo o reprimiendo, la autoridad del soberano, aunque atribuyera los éxitos a su destreza, había logrado que unos y otros convivieran en armonía; sin embargo, las demasías de protestantes en cuanto a formas de culto llegaron a tales extremos, que al propio Enrique le parecieron intolerables, resolviéndose a poner el orden.

En la reunión del Parlamento, congregada el 28 de abril de 1539, se expidió una nueva: Ley sobre Cultos, la cual comprendía seis artículos en los que se establecía: la doctrina de la real presencia, la comunión en una especie, el celibato del clero, la legitimidad del voto perpetuo de castidad, las misas privadas y la confesión secreta. Quien negara la real presencia sería quemado, y la infracción de los demás artículos sería castigada con la cárcel, sin otro límite que la voluntad regia, y con la pérdida de bienes y derechos, y a veces con la muerte, pues se equiparaban tales delitos, a los de traición y supercherìa. El rey, además, tenía la facultad para nombrar inquisidores y perseguir tanto las herejías como las prácticas religiosas irregulares.

Todo aquello era notoriamente la antesala de la ortodoxia. "En una palabra —dice la historiadora Beatriz White—, Enrique era católico, pero no Papal." Así pues, tal ley —el látigo de las seis correas, como le nombraron los protestantes— tuvo excelente acogida entre los católicos, ajenos a que luego su creador la utilizaría para azotarles, y María, "la Católica", estaba convencida de que su padre había recuperado sus antiguas ideas religiosas. Sin embargo, no tardaría el rey en anunciar, poco después de haber hecho pública su devoción religiosa, su matrimonio con Ana de Cleves, hermana de Guillermo, el duque del reino protestante de ese mismo nombre para finales de ese mismo año (1539).

Aun cuando al principio Enrique VIII le guardó un severo luto a la Seymour, la noticia de sus cuartas nupcias no sorprendería a María. En primer lugar, porque el recién nacido no brindaba esperanzas de que creciera sano y fuerte; después, porque el monarca era por naturaleza incapaz de permanecer solo, y por último, todos sabían que se necesitaba una reina que reinase sobre el voluntarioso rey.

En ese entonces, la política internacional europea había dado un giro trascendental con el que Enrique no contaba. Con una tregua primero y después la paz, había cesado la enemistad entre Francisco I de Francia y el emperador Carlos V. Ello alteraba totalmente los sutiles planes de 'no intervención' del rey de Inglaterra, ya que no podría inclinarse claramente por uno o por otro, sin que alguno de los dos se sintiera desairado. Casi todas las princesas casaderas de Europa habían desfilado ante el anteojo escudriñador de Enrique VIII, católicas o no católicas, a través de referencias y retratos, esperando encontrar alguna que le gustase por sus atractivos físicos.

En Francia le presentaron a la Longueville, y parece que le agradó, pero quiso conocer a Cristina de Milán, sobrina de Carlos V, y para saber cómo era, Enrique le pidió a Holbein que le pintase un retrato del cual quedó muy complacido, pero al final la candidata logró eludir el compromiso. Conjuntamente a este plan, se había pretendido que si el rey se casaba con Cristina de Milán, María se casara con Luis de Portugal, cuñado del emperador. Pero si el rey se decidía por la de Francia, el Delfín, el duque de Orleáns y el de Angulema, entraban en liza como posibles novios de María. Sin embargo, nada de esto llegaría a concretarse, debido a que Enrique temía tener un yerno que, apoyado por el catolicismo internacional como esposo de María, pudiera derrocarle, y de ahí su cerrada negativa a legitimar de nuevo a María.

Viendo el canciller Cromwell que ni por el lado de Carlos V ni por el de Francisco I encontraba el rey una novia con todas las virtudes que pretendía, y que, además, estuviera disponible, ideó sacar partido de la regia indecisión para 'protestanizar' a Inglaterra, que era lo que hacía tiempo deseaban Cranmer y él. Para ello, y a fin de asegurar la jugada, los dos sujetos maquinaron celebrar simultáneamente dos bodas: la del rey con Ana de Cleves, cuya familia marchaba a la cabeza de los luteranos de Alemania; y la de *lady Mary,* con un soberano tudesco y también protestante, el duque Felipe de Baviera, conde palatino del Rhin. Mediante la primera, metían una luterana a la corte; en tanto con la segunda, alejaban de ella a María, esperanza constante de los católicos.

Enrique, poco convencido al principio, aceptó el proyecto. Como aliado y cuñado del duque de Cleves, y como suegro además del bávaro, podría interponer su influencia entre las tierras de Carlos y de Francisco, inclinándose ya sea hacia Levante o hacia el Poniente, y ejercer aquel doctorado de duplicidad cuya borla, no sin motivo, se ufanaba de poder lucir como nadie. En cuanto a María, estaba tan hecha a oír planes y planes en los que, sin consultarla, se ofrecía, cotizada o negaba su mano, que no dio al nuevo intento ninguna importancia.

Mas, si no le seducían los planes matrimoniales, no era porque se encontrara plenamente a gusto al lado de su padre. Éste había marcado tan visible y alarmantemente su desvío hacia ella, que Chapuys, temiendo cualquier cosa, volvió a animarla a una escapatoria del país, pero ella no aceptó. Tenía a la sazón 24 años, era tierna para los niños, amable en obras y palabras con las personas mayores, y hasta extremosa con sus allegados. Experimentaba, sin embargo, la sensación dolorosa de que, bien fuera por su voz áspera, o porque en la delgadez de su busto plano y en la expresión de su semblante pálido, que ella se esforzaba en hacer afable, se transparentasen la nunca atractiva huella del dolor frecuente y los surcos de sus desventuras; notorio era que no lograba captarse simpatías. De ahí su mayor tragedia íntima: advertir que eran muchos los que la compadecían, algunos los que la admiraban, y muy pocos quienes la querían.

María, resignada a dejarse llevar por su impía suerte, recibió la visita en Herford Castle, de Wriothesley, quien llegó a notificarle oficialmente el proyecto de Enrique y, además, que el bávaro no tenía reparo en aceptarla como bastarda de su padre a cambio de una dote de nueve mil libras pagaderas en tres años; una indefinible sonrisa apareció en sus labios oponiendo una tímida resistencia. Si Su Gracia no se ofende —le dijo— preferiría no entrar nunca en tal clase de religión, la del matrimonio, y permanecer soltera el resto de mi vida.

Ana de Cleves

Tratándose de Enrique VIII, había que contar siempre con lo inesperado, y nada fue más, que todo lo que ocurrió con ocasión y como consecuencia de las bodas del rey con Ana de Cleves.

Como se dijo anteriormente, el rey pedía referencias y retratos de las candidatas matrimoniales; mas fueron tales las ponderaciones de Cromwell, que deseando su señor comprobar si la realidad las confirmaba al saber que Hans Holbein había hecho unas miniaturas de la princesa germánica y de una hermana suya, que solicitó inmediatamente le remitiesen sin demora el de la que le ofrecían como futura esposa. Poco después llegaría la pintura que, aunque pequeña, era ciertamente encantadora, por lo que el rey se decidió en seguida, y dio las más cuidadosas instrucciones para recibir a la novia en su futuro reino con honores excepcionales. En Calais la esperaban el conde de Southampon y un hijo del canciller; desde allí a Londres, en cada casa de postas se incorporaba al cortejo de más de 200 personas que venían escoltando a Ana desde las orillas del Rhin, uno de los miembros del Consejo. En cuanto al rey, rindiendo tributo a una costumbre galante, se adelantó a sorprenderla en Rochester, y Enrique no disimuló la impresión que le causó aquella mujer que tenía la cara marcada por la viruela. "No se parece nada al retrato —gritaba en la intimidad—. No la quiero, no podré soportarla." A esas alturas no podía devolverla a Alemania, pues provocaría una ruptura no sólo con el suegro, sino también con Federico de Sajonia, cuñado de la novia repudiada, es decir, atraerse la enemistad de los países más poderosos, lo cual no convenía a Inglaterra.

La princesa Ana de Cleves se prestaría a un denigrante simulacro de alegres nupcias que terminarían en divorcio. Cuando se planteó públicamente la anulación de tan ruidoso enlace, esta vez el rey buscó pretextos quizá menos veraces, pero por lo menos más limpios.

En cuanto a la boda de María con el príncipe de Baviera, ésta no se realizaría nunca. *Lady Mary* había visto pasar a su pretendiente lujosamente ataviado entre la escolta que acompañó a la Cleves cuando entró a la capital. El día de la boda de su padre —extraña coincidencia—, María se sintió indispuesta y se retiró a Blackfriars. Ello no evitó que el príncipe bávaro le hiciera más tarde una visita para presentarle oficialmente su petición de matrimonio, obsequiándole una cruz de diamantes con cinco magníficas perlas. María circunspecta, se limitó a decir, que se hallaba dispuesta a hacer la voluntad del rey, su padre. De todos modos, dado lo ocurrido con Ana, cualquiera sabría lo que decidiría Enrique VIII. El duque se volvió a su ducado, y durante cinco o seis años conservó la esperanza de lograr que María lo aceptara en matrimonio, y hasta repitió la visita, pero estaba escrito que ella nunca pisaría el Continente.

El rey furioso contra Tomás Cromwell por tan desdichado arreglo matrimonial, instruyó contra él un proceso por razones políticas. Ana de Cleves aceptó que en lo sucesivo, se le considerase como una buena hermana de Enrique y nada más; suscribió a gusto de éste (con tal de verse libre de ella) la indemnización que en tierras, rentas y muebles se le fijó, y por lo tanto, fueron suyos Richmond y Blechingley, más joyas y vajillas. Además, empezó a disfrutar de una espléndida renta de cuatro mil libras anuales, y se le reconoció el derecho de ocupar en las ceremonias el primer puesto después de las personas reales... Con esto renunció a desempeñar el papel de reina que había representado durante seis meses.

En ese tiempo, el rey se desquitó mandando al patíbulo a varios protestantes y también a varios católicos, entre los cuales se hallaban dos amigos de María: su profesor, el doctor Fethersone, y Abel, el viejo confesor de su madre, ambos por haberse resistido a acatar la Ley de Supremacía. María volvió a enfermarse y tuvo que ser asistida por el doctor Butts, que aparte de luchar con los factores patológicos, debía atender la depresión espiritual de la paciente, a cuyo lecho seguían llegando noticias de los abusos de su padre. Entre ellas, la repulsiva mención de los acuerdos a los que llegaron Ana y Enrique para romper sus ficticios vínculos conyugales, y una doble de la que sólo le sorprendería la elección de una misma fecha para llevar a cabo los dos acontecimientos. Esto, de por sí, no constituiría para ella, después de todo, nada inesperado:

El 28 de julio de 1541, Enrique VIII se casaría por cuarta vez, ahora, con Catalina Howard y el mismo día rodaba en el cadalso de Tyburn, como si fuera un festejo de sus bodas la cabeza del canciller Cromwell, conde de Essex, gran chambelán de Inglaterra. Sin embargo, María no olvidaría que aquel negro consejero de su padre había sido capital cómplice del rey en el crimen del divorcio, y uno de los mayores responsables del Cisma de la Iglesia.

Catalina Howard

El nuevo enlace del monarca produciría en María una sensación de alivio después de que el reino estuvo a punto de derivar hacia el protestantismo. Por su relación familiar, por los que influyeron para sentarla en el Trono, Catalina Howard, sobrina de Norfolk, representaba el triunfo del partido contrario al de la reina saliente. Desde el primer momento, su ascensión al Trono fue juzgada por todos como el fin del predominio de Cranmer y de los demás de su calaña. Pero desgraciadamente, Norfolk, Gardiner y los demás 'semicatólicos' que contribuyeron para llevar a la cámara nupcial de Enrique VIII a aquellas 'rosas sin espinas', según la llamaban, tuvieron mala mano en la elección de la candidata. La dama del decir travieso, del bailar alegre, de los labios gruesos, del mirar insinuante, jovencísima —tanto, que María le llevaba seis años—, era maestra en el arte de agradar; sin embargo, no fue ni por un momento santo de la devoción de la hija del rey. Ya fuese por las murmuraciones de los cortesanos que llegaron hasta ella y que rozaban hasta las mismas puertas de la alcoba de su padre, o bien por un instinto de repulsión, o por las diferencias de carácter, la corte pudo apreciar que cuando Ana entraba a alguno de los salones donde se encontraba María, ésta se apartaba mostrándose hostil.

Catalina se desquitaba de esta visible actitud, sentando a su derecha a *lady* Isabel, con el pretexto de que la niña era su parienta, pues ella era prima de Ana Bolena. No obstante, María en las ceremonias oficiales, cuidaba escrupulosamente de hacer a Catalina Howard las mismas reverencias protocolarias y reconocerle las mismas prerrogativas que a las dos reinas anteriores, reservándose para sí el mismo sistema en su vida privada: seguía levantándose temprano, paseando dos o tres millas a pie, jugando a los bolos, tocando la espineta, y recreándose en la lectura de sus libros de *lettres humaines* —según informaba a su rey, el embajador Chapuys—. De vez en cuando se trasladaba con sus 'brigitinas' de Syon, donde pasaba largas temporadas.

Enrique, por su parte, no tenía deseos de mortificar a su hija, sin preocuparle la distancia que María había puesto a su nueva esposa, y sin darle importancia al hecho de que cancelara la visita de felicitación a la reina con motivo del Año Nuevo. Sucedía que el rey pretendía acercarse de nuevo a Carlos V, y le había enviado a éste una lucidísima embajada presidida por Gardiner y compuesta de un centenar de caballeros vestidos de gris con collares de oro. Aún se estudiaba por entonces la posibilidad de que el recién viudo emperador quisiera reanudar su compromiso con *lady Mary* (aquel proyecto de boda de años anteriores), pero se tropezó con la resolución irrevocable del emperador de mantenerse viudo en recuerdo de su esposa la emperatriz Isabel de Portugal.

Mas de forma intempestiva reaparecieron las revueltas en el Norte de Inglaterra, y el rey resolvió trasladarse allí con la reina y un cortejo de cerca de mil personas, con Norfolk y Suffolk al frente, que tenía proporciones de ejército, no sin antes ordenar la muerte de varios presos que se encontraban en la Torre, entre ellos, Margaret Plantagenet, condesa de Salisbury, la institutriz de María. Dicen las crónicas casi en forma de leyenda, que al ejecutarla el verdugo, torpe e inexperto, erró el golpe mortal, que ella con la muerte suspendida sobre su ya hendido cuello, corrió a medio decapitar con la cabellera suelta y chorreando sangre, implorando piedad en instintiva reacción física contra el dolor, hasta que una más certera cuchillada la remató. Es así como el rey recompensa la educación que mi madre dio a su hija. Ya tenemos otro padrino en el cielo —exclamó Reginaldo Pole, cayendo de rodillas cuando supo el trágico final de su madre.

Poco después se desataría un nuevo escándalo en la corte. Durante la expedición a los ducados septentrionales, se desataron rumores que propalaban deshonestidades presentes y liviandades pasadas de la nueva soberana. Su comportamiento desvergonzado y sus citas clandestinas con Tomás Culpepper, eran temas de conversación, sobre todo entre los reformistas descontentos de que fueran los católicos los que la hubieran llevado al Trono. El rey, sin embargo, encantado con la juventud y la gracia de su esposa, estaba muy lejos de imaginar que al día siguiente de su regreso a Hampton Court, Cranmer cauteloso y escurridizo, deslizaría en su mano, mientras oía misa, un misterioso papel con encargo de leerlo a solas: era la revelación de un nuevo infortunio marital.

Corrían los últimos días del mes de octubre, y María, quien se encontraba en Syon pasando unos días tranquilos con las monjas, recibió la orden de desalojar sus habitaciones, pues las habían designado para servir de prisión preventiva a la Howard mientras se instruían las diligencias previas, que esta vez se consideraron necesarias antes de sentenciarla. Fueron ellas, copiosas y funestas, ya que salieron a relucir desde sus retozos lúbricos de la adolescencia, hasta recientes deslices pregoneros de congénita liviandad.

Tantos y tales eran los probados cargos, que Enrique hubo de rendirse a la evidencia después de intervenir personalmente en el proceso, en el cual, además de Culpepper, fueron descubiertos otros dos amantes del tiempo de soltería de la joven reina. Los tres fueron enviados al patíbulo, mientras el rey buscaba salvar a la Howard, lo cual no fue posible dados los hechos, las pruebas y las leyes. Así pues, el 13 de febrero de 1542, ante una multitud, rodaba por el suelo la cabeza de esta joven mujer en el mismo sitio donde cayó seis años antes la de Ana Bolena.

No trasciende a las crónicas de los historiadores, el sentir o la opinión que de este suceso expresara María Tudor.

Catalina Parr

Cada vez más acentuada la división entre quienes tenían acceso a la voluntad del rey, era notorio que, por el momento, perdían la partida Gardiner y los suyos; Norfolk, a pesar de su constante adhesión al monarca, no sólo no consolidaba su pasajera influencia, sino que llegó a temer por su vida. María, en tanto, por deliberado propósito que favorecieron las circunstancias, permanecía en un departamento personal de la corte, lo que proclamaba muy alto su prudencia. En fechas determinadas acudía a palacio para cumplir deberes de protocolo, y en otras, se reunía con su hermana Isabel y con Eduardo su pequeño y enfermizo hermano. A sus 26 años se entretenía más sin contacto alguno con las personas ajenas a su corte, dedicándose con la propia a cazar y a caminar durante el día, a pasar la velada jugando cartas, a tocar el laúd o bailar en la intimidad. Durante sus padecimientos que nunca dejaron de aquejarla, y que las más de las veces requerían sangrías, leía mucho recostada en la cama, principalmente libros de oraciones o biografías de santos, pues ni la mística pura ni la teología profunda, quizá por no tener toda la suficiente capacidad intelectual, formaban parte de su abundante biblioteca.

Nadie la consideraba, ni ella misma, un prodigio de inteligencia ni un pozo de ciencia, pero sí amigos y adversarios, un singular tesoro de virtudes y de bondad.

Así pues, María Tudor, con todo y sus virtudes, a quien además su terco padre continuaba proclamando bastarda sin prejuicio de pretender con igual terquedad que los príncipes extranjeros la tomasen por esposa, estaba ya resignada en 'la funesta edad de tristes desengaños' a la sosa perspectiva de quedarse soltera, contingencia que tampoco parecía lamentar con exceso. "Mientras mi padre viva —diría alguna vez— yo seré solamente *lady Mary*, la más desafortunada *lady* de la cristiandad." Y su padre no sólo tenía aún muchas ganas de vivir, sino también de sobrevivirse.

Parecía que la vida del pequeño Eduardo pendía de un hilo y habría que asegurar la sucesión al Trono, para lo cual el rey arrancó previsoramente dos decisiones al Parlamento. Por una de ellas, se declaraba acto legal —no delito de traición como antes—, revelar las ligerezas de las reinas. Por otra, se imponía a toda dama en quien el rey pusiera sus ojos, la obligación de declarar, bajo pena de muerte y cuando se le preguntara, si había sido culpable de conductas irregulares. Además, tomando en cuenta su edad, el rey tomó consigo, el acuerdo de que su sexta esposa sería a la vez que una posible madre, una señora con vocación de enfermera —padecía de úlceras en una pierna—, y con experiencia y cordura suficientes para que, de faltar él, sus hijos hallasen en ella protección y digna compañía. Fue pues, con tales condiciones, que al fin decidió ofrecer matrimonio a la noble viuda de lord Latimer —que antes había sido de lord Borough—: Catalina Parr.

Instruida, atractiva, señora en todo, su marcada inclinación a los hijos del rey, fue una de las características que decidieron a Enrique VIII a pedirle matrimonio. En un principio madame de Maintenson quedó aterrada: "Preferiría ser vuestra querida" —le contestó—. Pero esta vez el rey

María Tudor cuando tenía 28 años.

no quería amante, sino esposa... y Catalina Parr contrajo nupcias con el soberano de Inglaterra en la capilla de Hampton Court, el 12 de julio de 1543, con la bendición de Gardiner. La sexta reina no era católica-romana, sin embargo, tampoco estaba entusiasmada con el Cisma, y menos aún con las enseñanzas luteranas del arzobispo de Canterbury.

La Parr había moldeado su espíritu en un ambiente de discusiones religiosas, pues su segundo marido fue uno de los caudillos del *Pilgrimage*, mientras que su tío Guillermo Courtenay, figuró entre los más acérrimos enemigos del movimiento, por lo que había llegado, como muchos ingleses, a acomodarse con el apoyo de su cultura a una especie de religión individual personalísima, en la cual subsistían recuerdos de los cultos católicos de su niñez. Esto fue, quizás, uno de los primeros puntos de simpatía entre ella y la hija mayor de Enrique. Así pues, cuando María acompañó al altar a la nueva novia de su padre, sabía que no estaba allí cumpliendo solamente un requisito protocolario; sabía que no sancionaba con su presencia el único enlace del rey que, desde que enviudó de Jane Seymour, era digno de emparejarse con el que le unió a aquella, su nunca olvidada amiga.

La nueva reina no era para el porvenir de María ni una inquietud ni una sombra. Por lo pronto, nada tenía que temer en cuanto a su situación religiosa; de la influencia de la que fue consorte del ferviente católico lord Latimer no había que sospechar veleidades reformistas. Entre sus parientes más cercanos, estaban los Throgmorton, francamente católicos, y los Essex, muy afines a la tendencia de Gardiner, cada vez menos disidente de la ortodoxia. Realmente María Tudor no tenía qué temer, pues ya estaba desplazada de la sucesión por el nacimiento de Eduardo, y en caso de que la nueva reina le diera otro hermano varón, éste no representaría un obstáculo más que se interpusiera entre ella y el Trono, que tenía ya perdido.

Catalina Parr y María Tudor, casi de la misma edad, llegaron a ser muy buenas amigas en la convivencia familiar, rodeándose por cortesanos de similar ideología. Aquel verano de 1543, el rey y la nueva reina, hicieron un viaje y llevaron consigo a María, en cuya muñeca lucía un brazalete de oro y rubíes, regalo de Catalina al casarse. Por entonces sufrió una de sus múltiples indisposiciones y, no pudiendo continuar el viaje, la reina le prestó su propia litera para que la condujeran a Ampthill. Pasó el otoño con sus hermanos, pero en Pascua se reunió con Enrique y Catalina en Greenwich, en donde pudo advertir los avances en la reanudación de relaciones diplomáticas entre Enrique y el emperador Carlos V, relaciones que meses después originarían la ocupación de Bolonia por este último, magnífico eslabón de una cadena con la que se pensaba rodear el cuello del rey de Francia. Pero además, en aquellos días, estando *lady Mary* en gracia del soberano inglés, éste se decidió, a principios del nuevo año de 1544, a disponer su sucesión con motivo del reciente enlace y la ordenaba de la siguiente manera: en primer lugar, le heredaría Eduardo; después, los hijos que tuviera con la reina Catalina; en tercer lugar, María; en cuarto, Isabel, y después, los descendientes de su hermana menor, casada con el duque de Suffolk.

En eso llegó a Inglaterra el duque de Nájera, y Enrique organizó una gran recepción. En esa ocasión María vistió sus mejores galas, y por indicaciones de la culta reina, tradujo del latín parte de las *Paráfrasis de los Cuatro Evangelios*, redactadas por Erasmo, trabajo humanístico que originó y ha originado controversias. Hasta un biógrafo de la

Tudor concede extraordinaria importancia al hecho de que, una vez traducido el texto relativo al Evangelio de San Juan, *lady Mary*, por consejo de su confesor, quemó su versión. De poco serviría que el manuscrito ardiese, cuando ya se había apoderado de él la imprenta y su edición fue más adelante; lectura recomendada en las iglesias protestantes. Sin embargo, María no quiso que apareciera su autoría en este trabajo, y de esto se conserva una carta firmada por Catalina Parr el mes de septiembre de 1544, en Hanworth.

En cuanto a Enrique VIII, diremos que cada vez estaba más enfermo. Ni su mujer ni su hija osaban acercarse apenas a aquel hombre ulcerado y mal oliente, que ya no podía mover las piernas cauterizadas, y sin embargo, seguía ordenando ejecuciones por herejía, a veces porque alguien se pronunciaba en contra de la misa cuando él ya estaba por suprimirla. Un día llegó de Escocia la noticia del asesinato del cardenal Beaton, en cuyo Trono se agitaban quienes querían retener al país en la ortodoxia. Y, al revuelo del movimiento de protesta, cuya voz fue Surrey, mandó apresar no sólo a éste, sino a su padre Norfolk, ordenando decapitar al primero en la Colina de la Torre. Si no siguió con el duque, fue porque la muerte puso final a sus días el 28 de enero de 1547. Ya moribundo, había redactado su testamento "en nombre de Dios y de la Bienaventurada Virgen Nuestra Señora Santa María y de todos los santos del cielo".

El reyecito Eduardo VI

Los sucesos referidos unánimemente por los historiadores, refieren sólo las últimas palabras que Enrique VIII dirigió a su hija mayor, en un instante que logró sobreponerse de sus dolores postreros; le dijo entre sollozos y lamentos:

"Hija, la fortuna ha sido muy dura contigo, y me duele de no haberte casado como hubiera querido; pero, puesto que así lo arregló la suerte o mi infortunio lo impidió, te pido, hija, que seas una madre para tu hermano, que como ya lo ves, es muy pequeño todavía."

Y las crónicas refieren que *lady Mary*, reprimiendo el llanto, se las arregló para decir, fingiendo esperanzas que seguramente no sentía:

"Yo espero en el Señor que aún ha de vivir Vuestra Majestad largos días, y que no ha de querer causarme tanto daño como el de dejarme huérfana tan pronto."

Muerto el rey: ¡Viva el rey! María debió de proponerse a sí misma cumplir la última voluntad de su padre. Velaría maternalmente por la salud espiritual y corporal de Eduardo VI, el hijo de la reina Jane Seymour.

En el orden privado, Enrique no dejaba previsto nada en cuanto a la guarda del menor, y en el orden público había constituido un Consejo de Regencia que gobernaría durante la minoría de edad del príncipe Eduardo, quien, en seguida, fue coronado rey. Su misión, pues, había de ser meramente oficiosa, de sugestiones lejanas, que consentirían o no quienes tenían la potestad oficial para gobernar al niño y al reino. Por otra parte, con respecto a la religión, no cabía duda de que Enrique murió tan cismático y antipapista, como el día que se casó con Ana Bolena, y no podría querer, por lo tanto, que quien le sucediera, influido por María, deshiciese su nefasta obra.

María confiaba en el cariño que desde muy pequeño inspiró a su hermano, y prueba de ello, fue que ni entonces ni después, Eduardo dejó de demostrarle su afecto, correspondiendo al suyo con un constante intercambio de regalos. El problema era que al hermano, su padre le puso preceptores que no tenían nada de ortodoxos. Sus tutores fueron el doctor Cheke y el doctor Cox, los dos partidarios de aquella revolucionaria ideología que tomó el nombre de 'Nueva Doctrina'. No bastaba el cariño de la hermana para contrarrestar la nociva influencia.

Eduardo VI. Hijo de Jane Seymour y Enrique VIII. Durante los seis años de su reinado, se efectuaron serios intentos de espiritualizar la Reforma Religiosa de Enrique VIII. (H. Holbein, Museo de Basilea.)

De acuerdo con acertadas observaciones de algunos historiadores, el Consejo de Regencia que dejó organizado Enrique VIII para su hijo, era predominantemente hostil a Roma. Wriothesley y Paget no pasaban de ser, a pesar de sus alardes antiprogresistas, consejeros mediocres; Tunstall, más de fiar, estaba ya viejo; otros eran más flexibles con sus convicciones; y los demás eran innovadores heréticos como Cranmer, Eduardo Saymour (entonces conde de Herford, y muy pronto duque de Somerset), Lisle, que pasaba a ser lord Warwick, y otros *ejusdem furfuris*. Poco podría confiar María en tales sectarios, y menos contrarrestar su influencia en el gobierno. Además, poco antes de morir, Enrique había cesado a Chapuys en su misión de embajador de Carlos V.

Apenas se había constituido el Consejo, cuando los mismos que lo formaban convinieron en que éste no funcionaba. De ahí que a las pocas horas de proclamado rey Eduardo VI, el Consejo eligiera a Hertford —el duque de Somerset— como Protector del reino de Inglaterra. Era hermano de la reina Jane, descendiente, como ella, de Eduardo I, y el más antiguo de los pares que componían el Consejo. Seymour se había acreditado como militar y político durante una breve regencia de Catalina Parr en ausencia de Enrique, quien le había designado lugarteniente de su esposa, y como era un hombre con más ambición que méritos, aun siendo éstos innegables con el título de tío del pequeño monarca, se dejó destacar sobre sus colegas, muy pronto se convertiría en un rey al que sólo le faltaba la corona. A las seis semanas era investido por el Consejo con las máximas prerrogativas, y en lo sucesivo sólo tendría que consultar a quienes así le ponían sobre sus cabezas cuando lo tuviera por conveniente.

Si *lady Mary*, por ser presunta heredera de la Corona, y sobre todo por la amistad que la unió a Jane Seymour, se hizo la ilusión de que Somerset iba a oír alguna vez su dictamen y a reprimirse en sus medidas luteranas, bien pronto advertiría su error. Seymor, que contó desde los primeros momentos con el apoyo de la mayoría, incluso del inflexible Paget, no pensó en secundar y sancionar con sus poderes absolutos los impulsos reformistas del inquieto, revolucionario, audaz y entusiasta arzobispo Cranmer. Somerset —como dice la historiadora Beatriz White— "tenía todas las cualidades que hacen un buen soldado y un mal estadista". La posición internacional del Trono de Inglaterra, era entonces bastante delicada; estaba en guerra con Escocia, enemistada con el emperador, y Francisco I había muerto, y por consiguiente, el protector no parecía ser el hombre indicado para sortearla.

Su hermano Tomás (lord Sudely) laureado y prestigiado almirante, tratando de emular las triunfales glorias de Eduardo y alcanzarlas él también, aunque fuese en un campo distinto, pretendió la mano de la princesa Isabel en precoz adolescencia todavía, pero Somerset le ofreció como más factibles la de Ana de Cleves o la de María Tudor. Sundely acabaría celebrando un matrimonio clandestino con la reina viuda Catalina Parr, precipitándose tanto en suceder a Enrique VIII en el trono, que si la reina le hubiera concebido pronto un hijo, se hubiera dudado si era póstumo del rey difunto o un primogénito del almirante. Cuando se estaba tramando el enlace, el Protector quiso sondear el parecer de María en cuanto a la boda de su madrastra, y ella no quiso intervenir en el asunto ni para bien ni para mal.

Esta actitud que le permitiría conservar buena relación con la Protectora consorte, y hasta obtener algún favor para sus íntimos servidores, la dejaba en mayor libertad para mantenerse firmemente en su posición respecto a los problemas religiosos. Así pues, luego, cuando las manifiestas inclinaciones protestantes de los amigos de Somerset, cada vez más develadoras en cuanto a su contenido de catolicismo (fuese o no papal), le dieron pie para ello, María pudo, con todo desenfado, hacer al Protector algunas advertencias, a las cuales éste contestaría, doliéndose de juicios, que a él no le parecían inspiradas por "tan virtuosa y prudente señora", sino por "otras poco caritativas y maliciosas personas". Después de eso, creyendo conmoverla con el recuerdo de su padre, evocó el rigor con que siempre se opuso Enrique VIII a los "tercos romanistas y papistas". Sin embargo, Enrique, en los últimos años, a partir de los *Seis Artículos,* había vuelto de tal modo a las prácticas tradicionales y proclamado los dogmas católicos sin perjuicio de hacerles cambios cuando le convenía, que en líneas generales puede afirmarse que oficialmente la Iglesia del Estado, tal como él la dejó, apenas si difería extrínsecamente de la romana, con la excepción de que le tenía a él por Pontífice. Y esto era lo que, a calidad de mal menor, no quería *lady Mary* que se alterase.

Pero pronto el Protector tuvo que irse a la guerra contra Escocia, donde se cubrió de laureles marciales, y mientras tanto lord Tomás Sudeley confabuló en contra de su hermano, excelente pretexto que Somerset aprovechó para detenerle y ejecutarle meses después de que su esposa la ex reina Catalina muriera de parto. Y mientras este suceso cortesano se estaba asimilando, por otra parte se desarrollaba de manera vertiginosa la ideología luterana.

Los cambios a la Reforma

A principios de 1549, el Parlamento abolió la llamada *Acta de Uniformidad,* imponiendo a todos los ingleses el *Libro de Rezos* elaborado por Cranmer, aunque retocado en algún extremo para que pudieran votarlos los obispos reacios. Se ordenaron unas visitas a fin de examinar al Clero, para poder darse cuenta de su capacidad e ilustración. Se han conservado algunos de los resultados, todos en extremos escandalosos. En la diócesis de Gloucester, el año de 1551, de 311 sacerdotes que se examinaron, sólo 70 pudieron repetir los 10 mandamientos de la "ley mosaica", y sólo 34 sabían que estaban en el Capítulo XX del Éxodo. Había 10 que no sabían el *Padrenuestro.* Acaso para evitar la continuación de esta ignorancia, los regentes ordenaron compilar un *Libro de Rezos,* que fue la pauta del famoso Prayer Book de la Iglesia Anglicana.

Con el tiempo, el *Libro de Rezos* se fue inclinando hacia un sentido más luterano o calvinista. En la segunda redacción, al altar se le llamó 'mesa', al sacerdote 'ministro' y se dispuso usar pan ordinario para la comunión en lugar de pan sin levadura, el vino no debía ser aguado, etc. Desde la siguiente Pascua sería obligatorio regirse por este libro, y por consiguiente, toda la misa había de decirse en voz alta y en inglés, incluso en regiones donde no lo entendían por ser otro el idioma local. No se permitía elevar la Sagrada Hostia; se retiraron las imágenes; muchas prácticas tradicionales quedaron abolidas; la mayoría de las plegarias usuales serían proscritas; no habría más domingos de Ramos ni miércoles de Ceniza, y nadie podría rogar por una determinada alma del Purgatorio... (Desde entonces, el *Libro de Rezos* de la Iglesia Anglicana se ha venido corrigiendo, siempre con la aprobación del Parlamento.)

María Tudor se negó a aceptar las nuevas prácticas desde el primer momento, así que cuando le enviaron el *Libro de Rezos,* no quiso recibirlo: "Aunque el Consejo

—decía— se haya olvidado del rey, mi padre, y del juramento de cumplir su voluntad, yo seguiré observando sus leyes, tal como él las dejó mientras dure la minoría de edad de mi hermano." Retirada en Kenninghall (Norfolk), aislada, más melancólica que nunca y sin fuerzas para luchar, caería enferma una vez más. Pedía únicamente que la dejasen sola para entregarse a sus lecturas y meditaciones que sus 33 años de edad, física y moralmente maltrechos, escasos de atractivos, le ofrecían; y como estaba privada de la comunicación filiar con Roma, su máximo afán era que le permitieran, al menos, elevarse a Dios con los cultos tal como su padre se los autorizara.

Pocos días después de aprobada el *Acta de Uniformidad*, el nuevo embajador de Carlos V, el holandés Van der Delft, visitó a Somerset para notificarle que el emperador no permitiría que se intentara coaccionar a María en materia de religión, y en una entrevista privada, aunque en presencia del conde de Derby y del lord Guardián de los Cinco Puertos, no sólo le entregó a *lady Mary* una carta de su primo, sino que por encargo de su señor, le confirmó verbalmente su afecto y su admiración por la constancia y entereza de que daba muestras, y la sinceridad con que —aunque no le escribiese a menudo por evitar sospechas y molestias— pensaba en ella y en su situación, más que en cualquier otra cosa.

En su parentesco con el emperador cifraba su máxima esperanza de que la dejasen como hasta entonces, con sus capellanes, con sus rezos, con sus libros en latín, el agua bendita de sus pilas, las imágenes predilectas, los ornamentos de su altar; y Van der Delft tenía motivos (políticos) para confiar en que no la molestarían. Cuando trató el asunto por primera vez con Somerset, el Protector —que insistía en que era imposible otorgar en forma oficial una autorización que de hacerse pública afectaría su autoridad y la de la Ley que iba a entrar en vigor— acabó por ofrecer que él, personalmente, no investigaría lo que María hiciese en su oratorio, aunque no prestase al *Acta de Uniformidad* la conformidad que habría de exigirse a todo el mundo. El embajador indicó que harían bien en no pedírsela, pues ni ella la prestaría ni se lo consentiría el emperador. "Bueno, que obre como quiera —prorrumpió Somerset, poniendo fin al diálogo— hasta que su hermano sea mayor de edad; mientras tanto, tendrá en mí un buen servidor, como siempre, y no dejaré de favorecerla en todo aquello que no perjudique al rey." Pero Carlos V no se contentaría con tan vaga oferta, y varias veces insistió en que su enviado tomase garantías de que se llevaría a efecto, y de que el Protector tomara conciencia de que si la infringía, ni él, ni el Soberano de Roma, ni otros monarcas de Europa lo tolerarían; para mayor validez, era necesario que el compromiso de excepción constase por escrito.

Sin embargo, la mayoría de los miembros del Consejo se opuso a tal excepción, y se nombró una Comisión que marcharía a Kenninghall decidida a exigir a *lady Mary* el estricto cumplimiento del *Acta de Uniformidad*. Apenas se enteró la princesa que la Comisión iría a importunarla, acudió a Van der Delft, quien fue explícito y terminante: *lady Mary* debía oponer una resistencia cortés, pero firme. Siguiendo el consejo, María los recibió tranquila, y cuando le expusieron de manera autoritaria que como el texto de las leyes del rey incluía a la mayoría de sus súbditos, inclusive a la princesa heredera y a su corte, debía ella hacérselo saber a ésta. Serena y amable les contestó que no se consideraba sometida al Consejo, y que como su casa era algo así como su feudo, estaba dispuesta a sostener a sus servidores si cumplían con su deber. Entonces, el Consejo pidió a *lady Mary* que firmara el borrador de una carta que ya traían preparada, en la cual pediría al emperador que aceptase a Guillemo Paget como embajador, a quien el Consejo enviaría para negociar un acuerdo de orden internacional con el fin de estrechar relaciones. Sagazmente María aprovechó la oportunidad para afianzar su postura. Si ellos seguían hostigándola, añadiría unas líneas informando a su primo cómo eran tratados ella y los suyos en materia de religión. Rich y Petre se retiraron con la carta firmada, sin atreverse a imponer *de facto* la supresión del culto.

Sin embargo, María no se hacía demasiadas ilusiones. Una intensa protesta contra la abolición del rito tradicional latía en el país, y las miradas de los católicos romanos y también las de los cismáticos convergían en la princesa. A veces, los agitadores fingían estar de acuerdo con ella, y no tardaron en producirse movimientos que tenían más fondo social que religioso, porque estaban fomentados por un malestar económico general. Por lo tanto, no le sorprendió a María que pocos días después de lo ocurrido llegase a Kenninghall una orden terminante de que había que sustituir la misa por el servicio religioso que Cranmer había inventado, y además que pusiera a disposición del Consejo, a su mayordomo y a su capellán. La princesa escribió en seguida al Protector, asegurándole de antemano que "en el corto tiempo que pensaba vivir" sólo pediría al cielo tranquilidad para poder orar por el bien de Su Majestad y del Consejo, pero que no podía prescindir ni un solo día de los servicios de su mayordomo, y que el capellán estaba enfermo y no podía cabalgar. La guerra entre ella y el Consejo se había declarado, pues también reclamaban la presencia de Englefield, otro de sus criados de confianza. Para evitar mayores desafueros, tuvo que rendirse ante la amenaza de peligro.

En agosto de ese mismo año (1549) recibía la princesa una carta privada de su hermano con algunos indicios de condescendencia. El reyecito —según su mensaje— "se sorprendía de su obstinación y se dolía de ella", anunciándole que iba a enviarle hombres sapientísimos para convencerla de sus errores; mientras tanto —en una fórmula vaga que autorizaba una indefinible interinidad—, ella y sus prestes y capellanes quedaban dispensados de observar los nuevos ritos, con la triple condición de que el culto se practicara en su capilla privada, que no asistieran más que unos cuantos criados, y que debían comunicarle al rey cuáles eran los nombres de éstos.

Cierto que estas concesiones tenían que ver con la situación política internacional que aconsejaba tener contento al emperador; y como cada vez se suscitaban más brotes de insurrecciones, Somerset necesitaba su apoyo, por lo que le convenía congraciarse primero con la presunta heredera del Trono.

Las inconformidades surgían de uno y otro lado. Por momentos, los católicos más o menos cismáticos, pudieron hacerse ilusiones de que prevalecerían en el nuevo orden de cosas. El hecho de que a los pocos días, Wriothesley, que ahora flameaba pendones 'seudocatólicos', se instalara en palacio, hizo creer a los más recalcitrados herejes que "las crueles bestias romanistas" triunfaban sobre "los celosos guardadores del Evangelio". Pero no hubo tal. Los conservadores y conciliadores se dejaron ganar por los extremistas, y la situación cuajó en torno al nuevo caudillo de nombre Warwick, "una de las más brillantes luces de la Iglesia de Inglaterra" —según sus admiradores—, quien se encargaría, bajo un disfraz de católico, de arrastrar a Inglaterra hacia la Revolución Religiosa.

Desde la iniciación del movimiento, *Lady Mary* permaneció quieta y callada al margen de todos los sucesos. Consultó a su primo, y éste aprobó su decisión de desligarse totalmente de la conspiración que acabaría encumbrando a Warwick. Desde su retiro, no tardaría en congratularse de ello, pues hubiera contribuido con quienes se desembarazaron del lastre católico, y seguramente que, al llegar el deslinde de los campos, su misma coparticipación hubiera servido de pretexto para involucrarla en un proceso. Así pues, su retraimiento le había servido para poder conservar en su casa la autonomía religiosa que, a pesar de su forzada transacción con el Cisma, constituía para ella un posible consuelo.

Intentos frustrados

Precisamente en los tiempos más difíciles, poco antes de que cayera Somerset, María se había planteado escapar al Continente y permanecer bajo la protección de su primo Carlos V, pues a cada instante se veía espiada y acechada; incluso, cuando su hermano la invitó a pasar con él las navidades, rehusó la invitación, maliciando que lo que se quería era privarla de sus cultos pascuales e iniciarla en los nuevos. Pero Carlos V se negó a ello. No era fácil sacar del reino a hurtadillas a la heredera del Trono, ni ella podría sostener dignamente su posición fuera de Inglaterra. El emperador prefirió estudiar la posibilidad de un enlace, ya fuese con don Luis de Portugal o con el marqués de Brandeburgo. Sólo cuando estos planes se malograron, la creciente complejidad de los sucesos que iban haciendo imposible la permanencia de María en Inglaterra, hizo pensar al emperador en el rescate clandestino de su prima, aunque tuviera que vivir a costa de él.

La franca y aceleraba desviación de Warwick hacia el protestantismo de Hooper y sus seguidores, que consideraban tibio a Cranmer, porque a su juicio estaba dando largas a la Reforma; el confinamiento en sus casas de Wriothesley y de Arundel; la negativa a admitir una apelación del obispo Bonner recluido en la Torre; el encarcelamiento del diocesano de Woscester, todos ellos eran hechos que inquietaban enormemente la conciencia de los protectores de María. Urgía liberarla con un probable secuestro; sin embargo, no era el momento. Quienes veían al reyecito se alarmaban ante su aspecto físico, siempre débil, siempre fatigado: ¿Qué suerte correría Inglaterra en el caso de que María estuviera al otro lado del mar? Antes de que fuera posible sentarla en su Trono, la causa religiosa en manos de los herejes, estaría irremediablemente perdida.

Pero a María no le convencía el argumento: —"Si el rey muriese, antes de que pudiera defenderme, ya me habrían hecho desaparecer" —decía. Insistía en escaparse, y el emperador vacilaba en apoyar el proyecto. Sin embargo, ante su insistencia, dos veces se intentó sacarla de Inglaterra, y las dos veces fracasaron los planes; primero, por los riesgos que corría la princesa al enfrentar graves peligros; y en seguida, principalmente porque el Consejo con espías por todos lados y una muy bien formada red de vigilancia, siempre estaba al tanto de lo que invariablemente fracasaba.

El reyecito había tomado la costumbre de anotar en un '*Diario*' cuanto interesante pasaba en el reino, y en él quedaron registrados los sucesos de la persecución de María. Por ejemplo, un día, el 13 de julio de 1550, escribió: "Sir John Gates ha sido enviado a Essex para impedir la fuga de *lady Mary*. Parecen ciertos los informes de que Scepperus quiere robarla y llevársela a Amberes; muchos de sus caballeros andan por ahí y Scepperus ha venido poco después para inspeccionar los puertos." Y el 22, cuando ya era notorio que todos los puertos británicos estaban atestados de soldados dispuestos a impedir el asalto, anotó el rey: "El secretario Petre y lord Canciller (Rich), han sido designados para ir con *lady Mary* y decirle que se traslade a Oking o se venga a la corte." En ese *Diario* de Eduardo VI, aparecen sus anotaciones de muchos días, reflejándose en ellas la inquietud del Consejo, reforzando constantemente la vigilancia para poner a la princesa a cubierto de toda posibilidad de rapto, y mortificándola cuanto se podía al notificar a sus servidores que, en materia de religión, no debían obediencia a su ama, sino a las órdenes de Londres. En cuanto a ella, se le presionaba con medios indirectos para que se incorporase a la corte, y cerca de Warwick, someterla a las prácticas de la Reforma.

Para estrechar el cerco, se reconciliaron el ex Protector y el Consejo que le exoneró: reconciliación sellada por el matrimonio del hijo de Warwick, Ambrosio Dudley, con la hija de Somerset. La incorporación subsiguiente de éste al gobierno, aunque fuese a su jefatura, robusteció a los heréticos manipuladores del país.

María continuaba en la misma posición, aunque para ello sólo contaba con lo que consideraba la 'triple y autorizada promesa': la primera, la hecha verbalmente por Somerset a Van der Delft; la segunda, la que le hicieron personalmente sir John y Paget a Carlos V; y la tercera, aquella obtenida del propio Consejo por el embajador de su primo poco después de ser apresado el Protector. Cierto que de ninguno de tales permisos constaba prueba por escrito, y el Consejo alegaba que todas esas concesiones contaron únicamente con validez temporal y provisional. Ahora, cuando era indispensable para la unidad política del país que no quedase ni sombra de divergencias religiosas, era totalmente inadmisible que la princesa, por serlo, diera el mal ejemplo de seguir asistiendo a misa en su capilla.

María Tudor lucharía hasta al final, y recurriría a todo y a todos para hacer valer sus concesiones religiosas. Recurrió a su hermano y de nuevo a su primo el emperador, quien envió a su embajador para defender los derechos de la princesa. Eduardo no ayudó en nada manejado totalmente por el Consejo, y el embajador no consiguió más que irritar todavía más a Warwick.

Viendo el cariz que tomaban las cosas, María, valiente, resolvió de pronto desafiar el peligro. Volvería a Londres con su atuendo de princesa para hacer valer su derecho. Y en efecto, el 17 de marzo, desde Hunsdon, a donde se había trasladado, emprendió el viaje a la capital. Cuando llegó la precedía y seguía una espléndida caravana. Entraron delante de ella más de 50 jinetes pertenecientes a casas ilustres vestidos con trajes de terciopelo y adornados con cadenas de oro en el cuello. Cerraba la comitiva otro grupo compuesto de caballeros y damas portando cada uno un rosario negro. Desde seis millas antes, una nutrida muchedumbre de la comarca se había incorporado al cortejo, y además, los aldeanos y vecinos de los suburbios salieron a su encuentro. Ya en el poblado, la gente se apretujaba en las calles, ansiosa de saludar a su querida *lady Mary*. En cambio, formando contraste con la simpatía popular, sólo acudió a la puerta de palacio para recibirla el mayordomo del rey.

En Westminster se llevó a cabo una entrevista, que aunque fue un tanto violenta, fue fructífera para María, que según dicen los cronistas, tuvo la suerte de impresionar a sus detractores. La habían recibido, después de atravesar salones y galerías, en la cámara donde rodeaban al rey, los 25 vocales del Consejo, quienes le dieron una rotunda negativa respecto a la existencia de la promesa de su libertad de culto. Pero fue tan convincente en sus argumentos, que hasta el reyecito se mostró inclinado a darle crédito.

Las crónicas de la época relatan con pormenores el forcejeo entre el Consejo y *lady Mary*. Cuentan que la acorralaron hasta lograr que se limitase a oír misa a puerta cerrada en su capilla privada, y sin más asistencia que dos o tres criados. Sin embargo, fueron a dar a la Torre Rochester, y otros de sus sirvientes, optando por la pérdida de su libertad, antes de convertirse en espías de su señora como pretendía el Consejo.

No cesarían lord canciller, lord Chambelán, el Vicechambelán y el secretario Petre, en coaccionarla en cuanto a la supresión de la misa poco días después.

Felizmente para María, si no podía contar con la influencia de Carlos V, la política interior inglesa, al complicarse, distrajo a sus enemigos del famoso pleito de la misa. Tumultos en Kent y Sussex, agitaciones en Nottinghamshire, Meddlessex y Leicestershire entre otros condados, unos por cuestiones económicas, otros por las epidemias de fiebre malaria, otros más por arbitrariedades y atropellos, mantenían exaltado el descontento general, peligro que vino a sumarse el recrudecimiento de la antigua enemistad entre Warwick y Somerset. Sediento este último por recuperar su perdida posición, reunió a un grupo heterogéneo para que lo respaldara, y tanto se atizó en el gobierno y en el Parlamento la mal disimulada rivalidad entre los dos jefes de facción, que se creó tal tirantez fuera y dentro del campo político, que bastaba la más leve chispa para prender fuego al combustible. Warwick, más diestro o más afortunado, logró con 100 acusaciones, hundir al antiguo Protector, a quien se le inculpó de traición y felonía. Un Tribunal de Adversarios le condenó a muerte, y aun cuando la voluble simpatía popular se mostró nuevamente de su parte, "el 22 de enero de 1552 —escribía el pueblo en los anales de su historia— al duque de Somerset le cortaron hoy su cabeza en la colina de la Torre, entre las ocho y nueve de la mañana".

La muerte de Eduardo Seymour despejaba el campo para que entrara su competidor, Juan Dudley. Éste, a cambio de no hacerse llamar como su predecesor Protector, de Inglaterra, consideró más práctico protegerse a sí mismo y a su progenie, y no bastándole ser lord Warwick, se convirtió en el duque de Northumberland.

¡Dios salve a la reina María!

María, ajena a la trama, trataba de pasar inadvertida, resignada a practicar a solas su culto, y sólo aparecía en Westminster, cuando la costumbre lo hacía inexcusable, o para enterarse de la salud del reyecito que empezaba a presagiar funestos derroteros. Por esta época llegó al palacio, y la recepción revistió un gran aparato cortesano: Northumberland, Enrique Grey (nuevo duque de Suffolk), el marqués de Winchester, lord Bedford, lord Shresburi y otras altas dignidades, se disputaron el honor de ofrecerle sus respetos, al mismo tiempo que sus respectivas mujeres rivalizaban en agasajarla. La realidad, era que el reyecito, que en la primavera anterior, la decimocuarta de su vida, había padecido sarampión y viruelas, estaba tan extenuado y precario, que se suponía no tardaría en desocupar el Trono, y la primogénita de Enrique VIII se elevaría a él.

Cuando su hermano se agravó, María se encontraba en Beaulieu, a donde le fueron avisar que un constipado había derivado en una fiebre consuntiva. Eduardo tenía 15 años y padecía una tisis galopante. Northumberland, dando por descontado que no vencería la enfermedad, había empezado a mover las piezas de su ajedrez, realizando una diestra combinación de matrimonios. Enlazó a sus más adictos amigos con la familia real, reservándose para su tercer hijo, lord Guildford Dudley, la mano de Juana Grey, hija mayor de Francisca Brandon, que a su vez lo era de María, aquella hermana de Enrique VIII que se casó secretamente con su amigo Carlos Brandon, el anterior duque de Suffolk. De este modo, los Dudley-Northumberland entroncaban con una rama lateral de los Tudor, y bastaría sólo un empujón, para que la diadema real se colgase de la rama Dudley cuando se acabase el viejo tronco. Northumberland se encargaría de que el rey, mísero juguete entre sus manos, diera tal empujón antes de morir. Actuando, pues, sobre la débil voluntad de Eduardo, le comunicó su temor de que, si se cumplían el testamento de su padre y la ley que lo ratificó, y ocupaban el Trono sus hermanas María o Isabel, el casamiento de éstas sentaría en el Trono inglés a un castellano (ya sonaba el nombre de Felipe de Austria) o a cualquier otro príncipe extranjero discrepante con la religión reformada. Para que esto no sucediese, para que la secta 'cranmerista' —de la cual había acabado por ser Eduardo el más ferviente portaestandarte— no corriera el riesgo de ser desprovista de su preponderancia, era preciso que el futuro rey, ya sea por título propio o a través de un consorte, fuera inglés; y podría serlo, en primer lugar, un hijo varón de Francisca Brandon, si lo tuviera antes de que muriera el monarca, o en su defecto, algún vástago masculino de su propia nuera Juana Grey, que por estar recién casada con su hijo, constituía una garantía de que sólo correría sangre inglesa por las venas de su prole.

Eduardo VI murió en Greenwish el 6 de julio de 1553, y se sabe que un par de días antes de expirar, el reyecito Northumberland le envió un mensaje a María, quien se encontraba en su melancólico retiro en Hunsdon para que acudiera al lado de su hermano moribundo. Pero *lady Mary* no accedió, como tampoco Isabel que también fue requerida. María, obrando por su propia inspiración, decidió ponerse a salvo de cualquier 'golpe bajo', y abandonó Hunsdon como si se propusiera trasladarse a la residencia real. Montó sobre su caballo y después de varias escalas en Sawston Hall y Bury St-Edmunds, se instaló en Kenninghall, donde, como en todo el condado de Norfolk, tenía pocos amigos Northumberland. María se enteró de la muerte de su hermano por un orfebre amigo suyo, y supo además, que habían ocultado la muerte del joven rey durante tres días; que el día 9, Juana Grey, había sido trasladada desde su morada, Syon House, a la Torre de Londres para ser proclamada soberana de Inglaterra, y que pocas horas después los heraldos gritaron desde las puertas el ritual saludo: "¡Larga vida a la reina!", entre el silencio de la maravillada multitud.

Después de esto, el Consejo se había reunido para celebrar con un banquete la proclamación de Juana Grey; y estaba a punto de terminar el ágape, cuando recibieron los consejeros una carta de *lady Mary,* en la cual, dándose por enterada de la confabulación tramada, le ofrecía a todos su perdón y olvido, pero les requería, puesta su confianza en la justicia del Altísimo, a que, cumpliendo sus deberes con Dios, con ella y "con nadie más", se proclamasen sus derechos y títulos a la Corona y al gobierno del reino en la ciudad de Londres, y en los demás lugares donde lo considerase pertinente la sabiduría del Consejo.

María se había refugiado en el castillo-fortaleza de Framlingham, en la costa, desde donde podría embarcar a Holanda en caso de ser necesario. Además, una guarnición de 400 hombres estaría dispuesta a defenderla y pondrían barricadas en el camino para retrasar un posible asalto. Pero nada de ello fue necesario, porque Framlingham no tardó en convertirse en el centro de un formidable movimiento a favor de María, y Cheshire, Devonshire, Buckingham y Oxford se le unieron para proclamarla como su legítima reina. Los condes de Sussex y de Bath y otras personalidades

Framlingham. Antiguo castillo normando en el condado de Suffolk. Ahí estaba María Tudor cuando recibió la noticia de la muerte de Eduardo VI, y de ahí salió para defender su sucesión en el Trono.

relevantes, junto con numerosos grupos de gente del pueblo, acudieron a la morada de quien ya consideraban su reina, vitoreándola y ofreciéndose a su servicio. Los marinos de seis barcos de guerra que navegaban por la orilla del río con la orden de apoderarse de *lady Mary*, se sublevaron contra sus capitanes y se declaraban fieles súbditos de Su Majestad, poniendo a su disposición la artillería de sus buques.

Northumberland había dispuesto que el ejército rodeara los muros de Londres, y habiendo transcurrido sólo ocho días desde la instalación de Juana Grey en el trono, los cohetes, fuegos artificiales, las voces y cánticos de la gente, se volvieron a favor de María en una explosión de júbilo, en tanto que en las ventanas de la Torre, donde se encontraba la supuesta reina, repercutía el eco de los grupos populares que enronquecían gritando: "¡Dios salve a la reina María!".

Los mismos nobles que acababan de jurar a Juana Grey la abandonaron: Wrundel, Paget y Pembroke, en nombre de los demás, habían ofrecido su apoyo a María, y los dos primeros salían a caballo rumbo a Framlingham a implorar el perdón de quien era ya la reina en el corazón del pueblo, el cual había sido convocado por dos heraldos y cuatro trompetas, y se congregaba en la Cruz de Cheapside para el solemne acto ritual de la proclamación de María I de Inglaterra.

Tercera Parte

La Reina

Reina y sin consorte

La legítima soberana —soberana tanto por su derecho como por la espontánea voluntad de su pueblo, en la que ella, ausente, nada había podido influir— se aprestó, pues, a reinar. Había por lo pronto, realidades de las que no cabía prescindir. El propio Carlos V a través de sus embajadores, le envió el 22 y 29 de julio de 1553, algunas instrucciones, aconsejándole tacto y cautela.

María, en esos momentos de euforia espiritual, entre las alegrías del fácil triunfo, se sentía propicia a olvidar, a perdonar, a transigir, a recibir con los brazos abiertos a cuantos lealmente buscaban amparo y salvación en ello.

Sin embargo, había un sector de opinión cuya actitud le demostraba, lógicamente, cierto recelo. Se trataba del que simpatizaba y al parecer concordaba en ideas y propósitos con su hermana Isabel, la esperanza de los reformistas. En un mensaje a la que todavía denominaba *lady Mary*, su hermana le hizo saber que podía contar con su afecto y su fidelidad, anunciándole además, que saldría a su encuentro para hacer juntas la entrada a la capital del reino. María no quiso hasta saber que Northumberland, al frente de las tropas que se le unieron, la proclamara reina en Cambridge

María Tudor y su hermana Isabel entran en Londres. Después de la muerte de Eduardo VI, el pueblo le devuelve a María su derecho al trono de Inglaterra.

'lanzando su gorra al aire', y sobre todo, para mayor seguridad, hasta que, tanto él como sus demás comprometidos secuaces, hubieran entrado detenidos en la Torre; entonces sí se resolvería a tomar posesión del trono en la sede oficial de la monarquía. Y, por supuesto, como franco anuncio a sus intenciones, dispondría que se colocase visiblemente —tal cual ella lo tenía en su oratorio privado—, el Santo Crucifijo.

Pocos días después, a finales del mes de septiembre, se puso en marcha rumbo a Londres. El 3 de agosto llegó a Wanstead, donde se reuniría con Isabel, tan efusiva con María, que le aseguró que desde un principio hubiera corrido en su ayuda reclutando tropas para el efecto, si no lo hubiera impedido su mal estado de salud; también le afirmó que se había negado rotundamente a ceder, como quería Northumberland, a Juana Grey sus derechos al Trono, manifestándole que ella no podía ceder lo que no tenía, pues todos los derechos correspondían exclusivamente a su hermana. Emocionada, María ante una actitud que parecía sincera, abrazó no sólo a Isabel, sino también a las principales damas de su séquito y las incorporó al suyo, continuando la ruta.

La reina montaba en un palafrén blanco con guarniciones de oro, y a su lado, la joven princesa, que destacaba su esbelta figura vestida de rojo, montaba igualmente sobre un corcel blanco. A las siete de aquella tarde, el cortejo entraba por Algate en el recinto de la capital de Inglaterra. Allí el lord Mayor besó el cetro real de María I en demostración de respeto y lealtad, mientras coros de niños entonaban cánticos de bienvenida y las melodías rompían en himnos triunfales, acompañados con disparos de cañón y el sonoro repiqueteo de las campanas.

María daba las gracias con frases amables por el recibimiento que le tributaba el pueblo, y oleadas de ovaciones se sucedían unas tras otras festoneando las calles engalanadas con cortinajes y estandartes, donde la comitiva se abría pasó con mucha dificultad. La reina, que a pesar de sus casi 40 años y sus corrosivos sufrimientos, parecía transformada y hasta embellecida por el júbilo, lucía su elegante y menuda figura en un traje de terciopelo y brocado, adornado con un broche de pedrería de donde colgaba una gran perla en forma de lágrima, y asimismo de perlas, un collar rodeaba su cuello.

Muy cerca de ella cabalgaba la princesa Isabel, y detrás de ella iba un escuadrón de ilustres damas, en cuya primera fila aparecían Ana de Cleves, la duquesa de Norfolk y la marquesa de Exeter, estas últimas muy emocionadas, pues apenas la soberana entró en Londres, enfiló su marcha directamente a la Torre donde desde tanto tiempo atrás sufrían cautiverio el marido de una y el hijo de la otra. Ellos, más tarde en palacio, caerían a los pies de Su Majestad, junto con la duquesa de Somerset, Tunstall, el obispo de Durham y Gardiner. María con voz emocionada, les decía que se incorporasen, y los besaba y abrazaba a todos. "Ahora sois mis prisioneros" —les decía dulcemente, lo cual equivalía a un oficioso mandamiento de libertad.

Formalizada esta ceremonia, María, que pasó a ocupar los departamentos correspondientes a los funcionarios del Estado, dio principio a su instalación definitiva como regidora de Inglaterra. Tenía que ordenar su Consejo Privado, cubrir los puestos de confianza, contentar con algunas aprehensiones los legítimos deseos de sus partidarios aplicando

María Tudor en edad madura. Una mujer sola y triste, con su fracaso como mujer y como madre.

castigos y destituciones lo menos posible. Pero, ante todo, un piadoso deber le movía para que se inhumara sin más demora el cadáver de su hermano, Eduardo, que permanecía aún sin sepultar y al que no quería se le enterrase como un perro —según dijo.

Para ello, sin embargo, había que sortear el escollo religioso y hacerlo con habilidad, autoridad y franqueza, demostrando en aquella su primera determinación de gobierno, a la par, su inclinación a la transigencia la inconmovible firmeza de sus creencias. Así pues, en tanto que permitió a Cranmer celebrase a su gusto unas exequias de cuerpo presente en la Abadía, ella, simultáneamente, asistía a una misa de *Réquiem* que ofició Gardiner, dentro de la capilla de la Torre. Isabel, esbozándose de nuevo, encontró pretexto para no asistir ni a unos ni a los otros funerales. María no quiso forzarla, y cumpliendo con el entierro su último deber para con Eduardo VI, concentró toda su atención, todo su rebosante deseo de acierto, en los que tenía que cumplir con Inglaterra.

Por otra parte, María iniciaba su reinado sola, es decir, sin príncipe consorte, sin rey. Desde antes de la muerte de Enrique VIII existían varios proyectos de matrimonio para María, como aquel con don Luis de Portugal, hermano del monarca Juan III. En ese entonces se planeaba casar al hijo del emperador Carlos V, Felipe de España con María de Portugal, hija de la reina Leonor, hermana de Catalina de Aragón, o sea, prima hermana de María Tudor. Pero al morir

Eduardo VI y subir María al trono, el emperador había resuelto que su hijo y heredero se casara con ella. El casamiento de María I "era una de las primeras atenciones de la Europa. La alianza con princesa tan grande adelantaba mucho el partido de Carlos V" —dijo un P.E. Flórez en su libro intitulado *Reinas Católicas*.

Y no tardó el príncipe, colocándose a la altura de su misión, en facilitar a su padre la realización del plan que éste había concebido. Apenas recibió en Valladolid la carta de su progenitor, cuando en otra, fechada el 22 de agosto, contestaba lo siguiente:

"Por lo que respecta a Inglaterra, me he alegrado mucho de que mi tía haya sucedido en el trono de ese país, porque era su derecho, y por lo mucho que Vuestra Majestad espera de ello por la parte de Francia y de sus tierras de Flandes. Pero en caso de que Vuestra Majestad sepa que, como tan obediente hijo, no he de tener más voluntad que la suya; cuanto más, siendo este negocio de la importancia y calidad que es, y así me ha parecido remitirlo a Vuestra Majestad para que en todo haga lo que le pareciere y fuera servido."

Como se puede ver, ninguno de los presuntos contrayentes fue al matrimonio movido por el propio impulso del corazón ni por una larga meditación. En cuanto al novio, es evidente que, sobreponiéndose en él deberes de linaje y gobierno, se prestó voluntariamente a sustituir a María de Portugal por María de Inglaterra. En cuanto a la novia, claro está que el principal móvil que la resolvió tan repentinamente a desbancar a su prima, no fue sólo la necesidad de casarse pronto para fortalecer la defensa de su Trono, sino el interés político y religioso por tratarse del hijo y sucesor del rey católico.

Todo Londres pudo ver que apenas proclamada María reina, dos negociadores extranjeros acosaban al nuevo canciller del reino, obispo de Winchester, Esteban Gardiner: uno era De Noailles, el embajador de Enrique II de Francia; y el otro, el embajador del emperador Simón Renard; y tanto uno como el otro, se acomedían a solucionar el problema del casamiento de la reina. No importaba si se casaba con un inglés o con un extranjero, con un católico o con un disidente, pero el hecho era que tenía que casarse... y pronto.

Consta en los archivos de Bélgica, que el 5 de septiembre, el embajador de Carlos V fue recibido por el canciller, quien le dijo que nunca impondría a la reina una persona determinada para que fuera su marido; pero que si dicha señora le preguntase si convenía más que se casase con un extranjero o con un hijo del país, él le aconsejaría el matrimonio con un inglés, tanto por el bien del reino como para seguridad de su persona, pues sería difícil que el pueblo admitiese a un extranjero. Y la misma referencia, dice que el canciller desdeñó al príncipe español porque, según él, si se casaba con el español, los ingleses no lo soportarían como tampoco lo sufrirían los mismos súbditos de Su Majestad en Flandes. "Con lo que se casaría la reina, sería con una eterna guerra con los franceses, porque el rey de Francia no dejaría jamás en paz a Su Alteza ni a los Países Bajos." Sin embargo, las negociaciones siguieron adelante.

La coronación

Mientras se arreglaban el embajador y el canciller, los preparativos para la coronación de la soberana y la apertura del Parlamento, que se reuniría después, habían ido avanzando. La reina, con la colaboración del lord tesorero, el marqués de Winchester, pasó revista a su guardajoyas, y para el 1o. de octubre todo estuvo listo para la ceremonia. "La gente que estaba presente —cuentas, los cronistas españoles de la época— era infinita." La reina había llegado la víspera al palacio de Westminster rodeada de un cortejo muy fastuoso. A la cabeza iba un numeroso grupo de caballeros y nobles, vestidos todos con ropas de seda, cabalgando sobre vistosos corceles cubiertos sus lomos con terciopelo hasta tocar el suelo. Nobles varones y príncipes soberbiamente vestidos, unos de oro, otros de plata, y los demás con trajes elaborados con oro recamado. Cada jinete llevaba dos lacayos vestidos de terciopelo igual que los caballos, pero adornados con cordoncillo de oro. Después marchaban cuatro caballeros españoles con capas de felpa morada forradas con tela plateada, ribeteadas con oro presente también en las calzas y en los jubones, y coletas a la usanza española.

Tras ellos, iban cuatro embajadores: el del emperador Carlos V, el del rey de Francia, el de Polonia y del Señorío de Venecia, así como dos emisarios de los ducados de Normandía y Gascuña 'con vestimentas ducales'. Los seguía la reina en una litera descubierta a los lados, con su palio revestido de oro. En torno a ella, iban la Duquesa de Norfolk, la marquesa de Winchester y la condesa de Arundel, vestidas con trajes de terciopelo color carmesí. "Su Majestad —describe un cronista— iba maravillosamente aderezada, y su manto era de plata y su tocado de oro adornado con piedras preciosas de gran valor. Es Su Majestad de 38 años, hermosa sin par." Detrás de la litera de la reina, marchaba un carro triunfal cubierto de plata, en donde iban "la dama Isabel" y Ana de Cleves (cuarta esposa de Enrique VIII), y otros dos carros que conducían cada uno a cuatro hermosas princesas. Cerraba el séquito un escuadrón de 60 bizarras amazonas, en tanto que no cesaron las entusiastas exclamaciones, y sobre múltiples arcos campeaban leyendas a cual más laudatoria.

Al día siguiente se celebró en la Abadía de Westminster, anexa al palacio, la ceremonia de coronación y unción, para la cual, a fin de que el crisma que hubiera de emplearse fuera ortodoxamente católico, María había conseguido que se lo enviara desde Francia el obispo de Arras. Rebosaba la iglesia de prelados y nobles, "cada uno en su hábito: el duque con su vestidura ducal, el marqués de marqués, el conde de conde y sus mujeres de la misma manera".

En lo alto de un cadalso de 10 gradas, se había instalado una silla para la reina, que, apenas se sentó en ella, se levantó y tomó el brazo del obispo-canciller, quien, después de mostrarla al pueblo por los cuatro lados del estrado, preguntó en voz alta para que todo el mundo oyese: "¿Es ésta la verdadera heredera de este reino? Y todo el pueblo a voces y con alegría contestaba: "Sí, sí" "¿Están contentos de recibirla por reina y señora?". Respondieron: "SÍ." Era la investidura popular; pero faltaba la religiosa que venía en seguida.

Posteriormente se pronunció un sermón de circunstancias, y María se tendió sobre el piso para recibir las bendiciones episcopales; después, incorporándose, se quitó el manto y volvió a tenderse en el piso mientras el Clero y el coro entonaban otros rezos y letanías. Siguió la unción en el pecho, la espalda, frente y sienes. Luego, la vistieron con una especie de túnica de tafetán blanco y la calzaron con espuelas, ciñéndole al talle, una espada como si fuera un caballero, culminando el programa en el momento en que, tras haber puesto en sus dedos un anillo —emblema de su indestructible unión con los reinos—, y de haberle entregado un cetro de rey y otro de reina, la coronaron con las tres coronas de Inglaterra, Francia e Irlanda.

Terminan los cronistas refiriendo, que entonces María se sintió verdaderamente reina, y que después de recibir el homenaje de los más notables, mandó liberar a todos los reos que estaban en la Torre —excepto a los de alta traición—, y con voz trémula por la emoción otorgó su perdón a cuantos la hubiesen ofendido.

Oposición a las bodas

Los días siguieron corriendo y faltaba todavía adoptar la definitiva resolución en lo relativo al matrimonio de la soberana, asunto, por cierto, tan privado como nacional. Las negociaciones seguían sin concretarse y la reina temerosa de cómo tomaría su pueblo un fallo favorable al príncipe de Castilla, esperaba impaciente el momento de compartir sus temores con el embajador de su primo. De su rectitud, sin embargo, podrían esperarse en la intimidad, cariño y suma obediencia; pero esa misma lealtad la obligaba a prevenirle —para que el futuro marido supiera— que si quisiera entremeterse en materia de gobierno o conceder cargos de confianza a los españoles, el pueblo no se lo consentiría. Quería, también, que antes de decir la última palabra, del propio Renard le constatara las posibles garantías de su dicha conyugal. El embajador le ponderó ampliamente las virtudes del príncipe, pero aún pasarían varios días para que la reina le comunicara su decisión definitiva en un acto privado, ante un altar y bajo juramento.

Contando con la decidida voluntad de la reina, poco importaba ya que el Consejo y la Cámara quisieran, como querrían, oponer resistencia y dilaciones. En efecto, no tardó en saberse que los partidarios de Courteney estaban aliados con los Comunes para que pidiesen a la soberana que no contrajese nupcias con un extranjero, pero el embajador de Carlos V, fortalecido ya con la promesa de María, visitó a Gardiner para desbaratar la maniobra. Todavía la reina habría de enfrentarse a muchas dificultades, pero finalmente con el apoyo del emperador ganó la batalla. En adelante no solamente tendría que defender su Corona: su palabra estaba comprometida al príncipe Felipe de España; la oposición hecha a este proyecto de boda, lejos de hacerla cambiar de opinión, la había fortalecido en su propósito de llevarla a cabo. Pero lo que sobre todo la había llevado a menospreciar el peligro e impulsado a tomar esa atrevida resolución, era que tal alianza, en un principio tan sólo dinástica y política, había llegado a ser para ella una cuestión de sentimiento.

No obstante, aún pasaría algún tiempo para que el matrimonio se celebrase. El príncipe Felipe tenía motivos para no apresurar su viaje a Inglaterra, porque ingleses y españoles no perfilaban sus bases de amistad, y hubo que vencer muchas resistencias británicas, tanto en el orden político como religioso. En distintos puntos del reino y dirigidos por varios jefes, estallaron las insurrecciones contra el enlace que se avecinaba. En los condados de Devonshire, Essex, Kent, por Gales, Coventry y Leicester, y por los Midlans surgió la protesta. Suffolk, sir Peter Carew, Pierre Caro, Courtenay y Tomás Wyatt, cada uno por su lado, intentaron armar revueltas que pronto se sofocaron por la simpatía popular de que aún se beneficiaba la recién proclamada soberana.

Únicamente Wyatt, hijo de aquel poeta que fue apasionado de Ana Bolena, junto cuatro mil hombres, no retrocedió, aun cuando conciliadora la reina le envió a un miembro del Parlamento invitándolo a deponer las armas. Wyatt avanzó sobre Londres dispuesto a tomar la Torre, recluir a María, dotarla de un Consejo Real que a él "le inspirara confianza", y "reponer la religión como estaba".

María, "por su amor, por su fe y por su trono", no sólo se resolvió sin pérdida de tiempo a agotar todos los recursos de su poderío hasta acabar con el rebelde, sino que se decidió a dar la cara y luchar valerosa por las calles de Londres. Rodeada por los miembros de su Consejo, quienes estaban impresionados por su resolución, tomó la palabra y se dirigió a su pueblo respecto a la razón de su matrimonio: "Voy a él –dijo– con el parecer de mi Consejo, por el bien y seguridad del reino, y no por complacer a mi afición particular. Tengan la seguridad, queridos súbditos míos, que si este casamiento hubiera de mermar los intereses de uno solo de vosotros o suponer la pérdida de la más insignificante parcela de este noble reino, yo no hubiera consentido en ello. Les doy, pues, mi palabra de reina, que si esta unión no estuviera encaminada al bien y provecho de Inglaterra, renunciaría no solamente a tal enlace, sino a cualquier otro que supusiese un peligro para nuestro país." Después se dirigió a Tomás Wyatt con un brillante discurso político a manera que todos los presentes la escucharan, y cuando terminó, todos querían "morir a su servicio", llamando traidor a Wyatt. Sin embargo, todo esto terminaría en un brutal enfrentamiento en el que hubo numerosos muertos y heridos. El insurrecto, viendo que los londinenses no apoyaban su causa, desmayó en su agresividad y se rindió. María había triunfado: su amor, su fe y su trono estaban salvados.

Una vez más, por virtud de su valor, María había triunfado sobre sus enemigos, y las campanas de los templos repiqueteaban por su victoria como antaño repicaron también. Pero su proceder entonces había sido de una graciosa indulgencia. En adelante sería más duro; no quería incurrir de nuevo en un error que la había llevado al borde del desastre; no quería incubar más levantamientos,porque no habría clemencia para los rebeldes que pensaban acabar con ella.

Tres días después de la rendición de Wyatt comenzaron los procesos bajo la dirección del lord Mayor, instalado en Old Bailey, secundado por los tribunales. Bajo la férula de un edicto que mandaba aprehender por sospechosos a todos los fugitivos, las prisiones resultaron estrechas para albergar a tanto detenido. En esta ocasión, hubo muy pocos que fueron ejecutados y sí muchos prisioneros que, a punto de ser colgados, fueron exonerados por la reina.

El matrimonio real

Hacía poco tiempo que María había mudado su residencia a la Torre, y la pequeña capilla de San Juan, con su doble hilera de robustos arcos, fríos y desnudos, se preparaba para ser escenario de un trascendental acontecimiento. Allí se dispuso todo para que un día de primavera, con la mayor discreción, pero con la solemne severidad que el caso requería, la bendición de Gardiner confirmara, aunque ausente el esposo, el enlace matrimonial de María I de Inglaterra.

Meses atrás había salido para España el conde de Bedford, con la encomienda de unirse al séquito del príncipe cuando éste se resolviese a atravesar el Océano. En abril llegaron sir Juan Mason y 40 soldados para hacerle guardia, que, como tributo de la Casa de Borgoña vestían al estilo de Frisia. En Inglaterra faltaba poco para terminar con los preparativos de la recepción. Los nuevos uniformes de los marinos, el ajuar que la reina iba a regalar a Felipe para las ceremonias, la ropa de cama con blasones de Inglaterra y España, todo estaba listo ya, así como los muebles recién tapizados y remozados que decoraban los salones del palacio.

Al fin, un día se supo que el 12 de julio, el príncipe Felipe había embarcado en La Coruña a bordo del *Espíritu Santo*, un barco enorme de los astilleros de Vizcaya, el cual llegó a Southampton siete días después de haber levado anclas. Lo acompañaba una nutrida comitiva de nobles españoles y un par de docenas de servidores. Los cronistas describen al príncipe, como "un apuesto joven de 29 años (nueve menos que la reina), de barba rubia igual que su cabello y ojos grises. No era muy alto, pero poseía un cuerpo de proporciones armoniosas; inteligente y de costumbres sanas".

La reina y el príncipe se conocen en el Palacio Episcopal el 24 de julio (1554), y el 25 se casan en espléndida ceremonia celebrada en la Catedral de Winchester repleta de gente. Las torres estaban totalmente adornadas, y de la nave central pendían lujosos ornamentos en los que predominaba el color carmesí y el oro. El primero en llegar al atrio, fue el príncipe escoltado por los grandes caballeros de su corte "muy bien aderezados y con muy galanes recamos de oro y plata". La reina llegó después, "acompañada de todos sus grandes señores que llaman el Consejo, y su espada delante de sus mazas". Tras ella iba "un gran número de damas, ancianas y mozas, poco hermosas, bien aderezadas".

María I, vestía un traje sobrepuesto a una túnica de seda y oro, recamado de piedras preciosas, cuyo faldón era de brocado con fondo de oro, en el cual se realzaban, bordadas, rosas de Lancáster, flechas y yugos españoles, dragones y guirnaldas de los Tudor. Las amplias sobremangas prendidas a su hombro con ricas joyas llegaban hasta el piso, y sobre la espalda pendía el manto real de satín blanco de tres metros de largo. Llevaba recogidos sus rojos cabellos con una cofia tejida con hilos de perlas y otras piedras pequeñas. Otras mayores centelleaban sobre su vestido, y en el centro del pecho, lucía la joya que le regalara el novio. Don Felipe estrenaba la ropa que le enviara la desposada. Llevaba a la altura de la rodilla la Jarretiera, y al cuello, el Toisón. Dicen las crónicas, que "ella estaba magnífica, pero él más gentil".

La ceremonia fue muy larga y lucida con la intervención de numerosas personalidades que desempeñaron sus respectivos papeles: Gardiner "muy cristiano y católico, y a su vez gran canciller", leyó los juramentos matrimoniales concertados entre ambas partes; el marqués de Winchester y los condes de Derby, Bedford y Pembroke le entregaron a la soberana la ofrenda del país, en nombre de todo el reino; lady Margaret Clifford entregó a los novios tres puñados de oro como arras; y el conde de Pembroke colocó delante del príncipe su inhiesta espada en señal de que, a partir de entonces, habría de reconocérsele como soberano consorte de Inglaterra.

Más tarde todos los invitados se dirigieron a la residencia de la reina, donde se serviría el banquete de bodas. "Todas las mesas fueron muy bien servidas con gran orden y silencio. Al comer, siempre estuvieron dos grandes señores de la tierra con dos estoques: uno, cabe el rey; y otro, cabe la reina con sus vainas teniéndolos altos. Todo el servicio fue de ingleses, excepto don Íñigo de Mendoza, hijo del Infantazgo, y servían la copa, cuatro de la boca que ayudaban a servir.'El mayordomo del príncipe no ha servido ni tomado bastón en la mano ni se cree que lo tomará, ni los demás –refiere un relator español que estuvo presente–. A mí por vagamundos nos pueden desterrar." Y otro, un poco menos diplomático, concluye su crónica de bodas, diciendo: "Lo de anoche, ellos se lo saben. A darnos un hijo sería todo el bien que se pretende."

Tres episodios de los días posnupciales quedarían grabados en la memoria de María: la visita de la duquesa de Alba que llegó de Antona para presentar sus respetos a la reina, la cual tuvo con ella máximas consideraciones; una pintoresca carta de Ana de Cleves "deseando a ambos mucha alegría y felicidad con copia de hijos para gloria de Dios y preservación de vuestros prósperos estados". Y la llegada del noble lusitano Luis Venegas, quien le entregó un regalo de su prima María de Portugal: "un gran presente de vestidos y tocados."

La reina dedicó los días subsecuentes a la boda, para mostrar a su esposo e invitados algunos recintos reales londinenses. Estuvieron en Whitehille, en Hampton Court, en el palacio de Wolsey y en Tiltyard, entre otros. Cazaron, comieron, cantaron y bailaron hasta que la comitiva española decidió el retorno a sus respectivas tierras.

La reacción católica

Apenas supo Reginaldo Pole que su prima María se había sentado en el Trono, envió al Papa Julio III, desde la Abadía de Maguzzano donde se encontraba, a orillas del lago de Garda, un mensaje: en él se ofrecía a Su Santidad para el restablecimiento del catolicismo en Inglaterra. A partir de entonces, empezaría el terrible periodo de persecuciones que mancharía para siempre el reinado de María Tudor y Felipe de España.

A finales de noviembre de 1555, llegaba a Inglaterra Reginaldo Pole como delegado papal. Para facilitarle la tarea, dado que muchos de los que se oponían al retorno al catolicismo se encontraban entre los que habían adquirido bienes eclesiásticos en la época de la Reforma de Enrique VIII, el Pontífice se había mostrado de acuerdo con olvidar ese asunto y empezar de nuevo. De tal modo, Pole no fue acogido con mucha simpatía. Algunos días después, las dos Cámaras reunidas en un acto solemne, recibían de rodillas, la absolución por los errores del pasado, así como la reconciliación con la Iglesia Católica. Fueron éstos, sin duda, los días más felices de María Tudor. Por un lado, se cumplía la misión que se había propuesto, y por el otro, estaba esperando su primer hijo. Fue precisamente en esta época cuando se reiniciaron los cultos del catolicismo y cuando María indultó a los últimos presos que quedaban en la Torre de Londres. Con respecto a la cuestión religiosa, no podía invadir la esfera jurisdiccional de la Iglesia —que era la que definía delitos, e imponía castigos—, ni era lícito a su ferviente piedad, consentir que cuanto había de sano en el pueblo se contaminase, por negligencia suya, con las enseñanzas del protestantismo o de su congénere el Cisma.

El perdón pontificio había saneado muchas conciencias, y la política religiosa encaminada a cuajar en un Sínodo, presagiaba la reorganización y depuración de la Iglesia: el propio Pole, actuando en la esfera internacional, mediaba de nuevo, entre Francia y el Imperio, con vistas a la paz universal; el Parlamento se había cerrado, entregando a los obispos, como era lógico, la potestad de juzgar en su área, y María esperaba que, dada la ineludible severidad que tendrían sus fallos, serían contados los que en adelante osaran delinquir; los poseedores de bienes de instituciones religiosas se mostraban más afectos al trono desde que se persuadieron de que no serían perturbados en su posición; las Cámaras, aunque no hubieran acordado la coronación de Felipe como rey de Inglaterra, le habían habilitado al menos como "regente" tanto para el periodo 'de espera' de la soberana, como la eventualidad de su muerte, en cuyo caso conservaría la "regencia" hasta la mayoría de edad

María de Inglaterra y Felipe de España. María le llevaba nueve años a Felipe, quien se casó con ella por razones políticas.

del sucesor; y el príncipe parecía satisfecho a su lado colaborando en sus actos de fe y de perdón, esperando ambos con ansiedad creciente, la fecha en que sería realidad la unión, en un vástago común de las dos augustas dinastías de Asturias y Tudor.

Sin embargo, habían empezado ya los suplicios expiatorios. La ley contra las Herejías había sido establecida de nuevo a partir del 20 de enero del año anterior (1554), y el 9 de febrero (1555), el Tribunal, presidido por el canciller, juzgó y condenó en Smithfield a un canónigo de San Pablo, Rogers, quien se fue a la hoguera rodeado de una multitud, cuya curiosidad se enardeció hasta el extremo de que, según lo dicho por De Noalilles, "vociferaron más que en una boda". Pocos días después, y tampoco sin fundamento, seguiría la de Hooper, obispo de Gloucester, y a partir de entonces, de modo intermitente, el lúgubre y atroz espectáculo se repitió en el mismo lugar, en un paraje a las afueras de Londres.

Todavía hasta la fecha, no se sabe quién fue el instigador de aquella despiadada intransigencia porque, según los cronistas de la época, María se encontraba recluida en su palacio, víctima o de una enfermedad, o bien, de una peligrosa alucinación, mientras su impopularidad no hacía sino aumentar. De aquellos días nació el terrible mote que formaría parte de su historia: *Bloody Mary*, 'María la Sanguinaria', y los católicos tratarían de anularlo con otro sobrenombre, el de 'María la Católica'.

El historiador francés, Marcel Dhanys, en el capítulo dedicado a María Tudor, de su libro *Las cuatro esposas de Felipe II*, escribió al respecto: *"La persecución de los protestantes hizo impopular a la reina. Sobre ella parece haber recaído únicamente el peso de la reprobación de todas las persecuciones religiosas que ensangrentaron el reinado de los Tudor."*

Parecía que María estaba obstinada con su embarazo y dejaba en manos del Consejo el gobierno de Inglaterra. Encerrada en su palacio, vigilaba celosamente a su hermana Isabel, hacia la cual no tenía en absoluto motivos para ser condescendiente. A pesar de que Isabel representaba un constante peligro para ella, se negó siempre a acudir a medidas extremas desoyendo los consejos de sus ministros. La encerró, pero no le quitó la vida, y lo mismo hizo con muchos de sus enemigos políticos.

Entre tanto, Felipe, escéptico respecto a sus esperanzas de ser padre y, sobre todo, respecto a las más concretas de compartir el trono inglés, se había marchado a España. Había muerto su abuela, Juana "la Loca" en Castilla, y su padre, el emperador, quería por tal motivo abdicar a su favor y retirarse al monasterio de Yuste, pero antes quería instruirlo en las tareas del gobierno. María ansiaba su regreso, dado que había conseguido inspirarle una gran pasión.

Si no había conseguido la corona matrimonial, Felipe exigiría entonces el apoyo inglés en la guerra que mantenía contra Francia. Su vuelta a Inglaterra, en 1557, no tuvo otro objetivo, prácticamente, sino la imposición de aquella guerra tan impopular. María la aceptó y logró que la aceptase el Consejo, y apenas conseguida su finalidad, Felipe de España retornó a su país, decidido a no volver ya nunca.

La decadencia de la reina

El corazón de María se desgarró al despedirse de su esposo. De nuevo se hacía la patética ilusión de estar esperando un hijo, pero lo cierto es que se trataba de una hidropesía ovárica, cuyos síntomas se empeñaba en interpretar como signos de aquella maternidad, tan inútilmente soñada. Los cortesanos veían aparecer en su rostro las características de su inexorable decadencia, preguntándose cuánto tiempo podría durar todavía. Algunos, pensando en el futuro, habían empezado a rendir honores a la presunta heredera, Isabel. Los protestantes no hacían sino suspirar para que llegase el cambio.

Su reinado que había despertando tantas esperanzas, languidecía de este modo, entre los resplandores de las hogueras y las sombras de la derrota. El 10 de enero de 1558, llegó a Londres la noticia de que el baluarte de Calais, último residuo de las posesiones británicas en Europa que se remontaban a la Guerra de los Cien Años, se había rendido ante los ejércitos franceses. La noticia le consternó al país entero, y provocó en la reina la famosa exclamación de "cuando yo muera y abráis mi cuerpo, encontraréis el nombre de Calais escrito en mi corazón". Por primera vez, y sería la última, habló como inglesa y con los mismos sentimientos que su pueblo.

Una falsa alarma

Desde principios del mes de abril de 1555, la reina María se ha retirado a Hampton Court, la más bella y espléndida entre las residencias reales escalonadas a lo largo del Támesis, para esperar allí el nacimiento del heredero del Trono. La escena se desarrolla en los momentos en que dicho nacimiento es inminente; cuestión de días, incluso de horas, y todo está preparado en previsión del gran acontecimiento, comenzando por la cuna, un pequeño tálamo de madera, adornado con suntuosas telas de seda y raso, donde se pueden leer inscripciones de versos latinos de buen augurio, completados por su traducción en inglés.

A su lado se encuentra, grupos de comadronas, amas de cría y de 'mecedoras de cuna', profesión que no podía faltar en ninguna casa aristocrática, y mucho menos, naturalmente en la familia real. Están presentes los altos dignatarios de la Iglesia y de la corte que asistirán al bautizo, y que deberán redactar las actas sacramentales en latín áulico y, entre tanto, matan el tiempo con interminables ceremonias y actos religiosos, a fin de que el embarazo tenga un final feliz.

Están ya preparadas, incluso, las invitaciones para ser remitidas a las diversas cortes de Europa. Inmediatamente después del nacimiento, serán enviadas por medio de correos especiales, dispuestos a salir en cualquier momento. Redactadas en el francés de las relaciones diplomáticas (que en muchas ocasiones comienza a ocupar el lugar del latín), y escritas con la elaborada letra de los escribanos de la corte, las cartas anuncian en nombre de la reina María y de su consorte Felipe de España, el nacimiento de la tan esperada criatura. Sin embargo, puesto que el acontecimiento no se ha producido todavía, la palabra decisiva —*fils* para el príncipe, *fille* para la princesa— no está escrita por completo, sino que a las tres primeras letras les sigue un pequeño espacio en blanco que se completará en el último instante, apenas se pueda conocer el sexo del recién nacido.

Si por lo menos se diese prisa en llegar. Si se diese prisa... El hecho de esperar demasiado alienta los rumores más fantásticos en todo el país. No todos son bienintencionados: de esto podemos estar seguros. Son numerosos los súbditos que reaccionan hostilmente contra esta dinastía católica que trata de perpetuarse en el trono inglés. Si el embarazo tuviese un final desastroso, si la reina y su criatura no pudiesen sobrevivir, la Corona pasaría a su hermanastra, la enigmática princesa Isabel, una hija de la Reforma protestante, todo el mundo lo sabe, aunque exteriormente se muestre muy fiel a la religión oficial. No es aconsejable actuar de otro modo, especialmente cuando (en el pasado mes de febrero)

Monedas de oro del siglo XVI con las efigies de María Tudor y de su esposo, Felipe de España.

para los herejes, han empezado a arder en la siniestra llanura de Smithfield, en las afueras de la capital, según la escalofriante práctica de las guerras de religión. Los fieles de la reina hacen todo lo posible por darle ánimos. Hace días le prestaron tres bellísimos gemelos, procreados por una mujer muy semejante a ella, esto es, pequeña, frágil y ya de edad avanzada, y le señalaron el hecho de que esta triunfal maternidad tardía, lejos de poner en peligro a la desconocida campesina, la había revigorizado y rejuvenecido. Pero cuando la reina no las escucha, las conversaciones cambian de tono y muestran una oscura aprensión. No puede dejar de ser preocupante el que una mujer de débil constitución, como ella, tenga su primer hijo a los 39 años, a una edad en la cual mayor parte de sus súbditas casadas tienen, en general, nietos. Por otra parte, sucesos de este tipo han ocurrido a veces, y la esperanza que se transparenta sobre el rostro de la soberana es tan viva y patética, que parece imposible que no se produzca también en ella el milagro del que depende en gran medida el futuro del reino. "En este país, el éxito de la maternidad de la reina será lo que fundamente el porvenir", escribe, no sin cierto temor, el embajador imperial Simón Renard a su señor Carlos V, y añade, casi bajo la dominación de un triste presentimiento, que si el niño no llega, los asuntos tomarían tal cariz "que la pluma se cansaría de describirlos". Y tiene motivos para preocuparse, ya que el impaciente padre de la tan esperada criatura no es otro, sino el príncipe Felipe de España, hijo del emperador, aquel Felipe al que los ingleses han recibido con las más des-caradas muestras de hostilidad, y al que continúan negando la Corona Matrimonial.

Otro embajador, en cambio, el francés De Noailles, según van pasando los días sin que se tengan noticias de un feliz desenlace, no consigue esconder su maligna alegría, pues sabido es, que cada contratiempo sufrido por España actúa como bálsamo en el corazón del rey de Francia. De Noailles cuida muy bien el transmitir a su regio señor que los rumores provenientes de Hampton Court son cada vez más sombríos. Algunos sostienen, declara el embajador, que la reina no conseguirá nunca tener un hijo vivo; otros, que se trata de un tumor que por un trágico equívoco ha sido interpretado como un signo de embarazo. Y otro personaje, íntimo amigo de uno de los médicos de la corte (del que ha recibido de De Noailles 200 coronas francesas de oro), asegura que la reina come tan poco y tan de mala gana, que hay que excluir toda posibilidad de que la criatura pueda sobrevivir. (Nos referimos a una época en que la creencia popular de que una mujer embarazada debería comer por dos tiene el rango de verdad indiscutible.)

De repente, al amanecer del último día de abril, la noticia se difunde con la rapidez de un relámpago por toda la capital: ¡el heredero ha nacido poco después de la medianoche, y es un varón, vivo y vivaz, un nuevo rey Tudor, que perpetuará la decencia de Enrique VIII, con frecuencia criticado y execrado, pero nunca olvidado! Algunos, más entusiasmados, comunican incluso todos los detalles: el niño es guapísimo, robusto, parece un ángel, nunca se ha visto un príncipe tan esperanzador. Las campanas comienzan a repiquetear de júbilo, los comerciantes cierran las tiendas en señal de alegría, declaran día de fiesta, y en la suave luz primaveral se improvisan rápidamente largas mesas que se instalan a lo largo de las calles para celebrar el gran acontecimiento con banquetes al aire libre. Los súbditos más celosos, sin siquiera esperar a que llegue el atardecer, comienzan a encender hogueras en señal de entusiasmo. La capital se llena de grupos tumultuosos hasta pasado el mediodía, pero en las primeras horas de la tarde, llega un informante de Hampton Court, con lo que la excitación se paraliza. La noticia es falsa, carece absolutamente de fundamento; no ha nacido ningún príncipe, ni varón ni hembra; la reina está como siempre y no se prevé ningún cambio inmediato a su estado.

La espera continúa, mientras las jornadas de mayo comienzan a deslizarse indolentes, plácidas y luminosas. María ha interrumpido sus paseos cotidianos; a veces, está sentada durante horas enteras sobre montones de cojines con los brazos abandonados sobre el regazo, sin hablar, con la mirada fija y perdida, y el ceño fruncido. La comadrona mayor, para darle ánimos, sugiere una piadosa mentira. Quizá hay una inexactitud de base: debe haber un error de unos dos meses al determinar el comienzo efectivo del embarazo, y por eso el parto no debería ser esperado hasta finales de junio. Pero la reina niega con la cabeza. No, no ha habido ningún error. Recuerda perfectamente el día en el que advirtió por primera vez los movimientos del niño en su vientre. Era el 24 de noviembre del año precedente, precisamente el día en que el cardenal de Inglaterra, su primo Reginaldo Pole, volvía a su patria desde el destierro italiano, trayendo consigo el solemne perdón papal para la hereje Inglaterra. Quizá fue aquél, el día más feliz de toda la existencia de María, aquel en el que tanto su vida de reina como su vida de mujer parecieron alcanzar un significativo hito. Pero desde el 24 de noviembre, han pasado casi seis meses. Y si la criatura daba ya signos de vida por aquel entonces, ¿por qué ahora no se decide a venir al mundo?

Los días de mayo se suceden interminables. El palacio comienza a manifestar los inconvenientes debidos a la prolongada estancia en él de tanta gente. Siempre ocurre lo mismo, y éste es el motivo por el que los reyes y su séquito cambian de residencia tan frecuentemente. Tras un par de meses (tres al máximo), de estancia, es necesario abandonar el palacio y trasladarse a otro, mientras escuadrones de sirvientes se dedican a airear, lavar, barrer y expulsar ratones e insectos. Brillan por su ausencia cualesquier tipo de instalaciones higiénicas, y al cabo de unas semanas de estancia, patios y castillos parecen estercoleros. Para tratar de resolver este inconveniente —dado que por el momento no es posible abandonar Hampton Court—, se perfuman habitaciones y escaleras, y desde el jardín se llevan al castillo grandes ramos de flores. Un hedor que hace pensar en la muerte, en la podredumbre, en vez de sugerir el misterio de vida y de alegría que debería producirse de un momento a otro, se obstina en demorarse entre las nieblas de un futuro cada vez más incierto.

A principios de junio, son establecidas oficialmente oraciones públicas y solemnes procesiones, para que el embarazo de la reina termine felizmente. Desde lo alto de las habitaciones en las que María se ha recluido, ve todas las mañanas las procesiones que marchan lentamente en torno al patio saliendo de la capilla real. El resplandor de los cirios, la entonación grave y familiar de los himnos latinos, los estandartes bordados de las monjas y los adornos de oro del palio, son para ella verdaderas manifestaciones de calor, que casi forman parte de una voluntad que no quiere dejar morir sus últimas esperanzas. No es posible que no se produzca el milagro. Sería como decir que todo es fracaso y derrumbamiento, que su vida no ha servido para nada. Y, sin embargo, ¿quién soy yo —piensa la reina amargamente, volviendo a la humildad de su juventud—, para descubrir los impenetrables designios de Dios?

Existe, de añadidura, otro temor más personal, más íntimo y doloroso. Si el niño no nace, si todo ha sido un espejismo, Felipe la dejará. Ya no habrá nada que pueda mantener al consorte junto a sí, un consorte nueve años más joven que ella, y que con gran sentido del deber —y con no demasiado entusiasmo— ha seguido la voluntad de su padre, el emperador, y la ha convertido en su esposa.

Felipe esperaba la corona matrimonial y no se la han dado. Inútilmente María ha hecho todo lo posible para vencer la resistencia que el Consejo ha opuesto. Los ingleses no se fían del príncipe de España, y le han negado el título de rey de Inglaterra. Un paso hacia la deseada conquista, podría ser el nacimiento del heredero. Pero si no hay heredero, si todo no ha sido más que una patética autosugestión, entonces ya ninguna fuerza del mundo hará que Felipe permanezca en Inglaterra junto a una esposa, que su séquito español no duda en calificar, con la crueldad de los jóvenes, de vieja, arrugada y flaca. Y, además, cada vez se hacen más insistentes los rumores de que su padre, el emperador, piensa retirarse y abdicar a favor de su hijo. En tal caso, el reino, el ansiado reino, lo encontrará en su patria y no entre las brumas de Inglaterra. Testaruda, obstinadamente, María se niega a darse por vencida. El mes de julio ha llegado, y la reina escribe al Consejo para que envíe cartas a todos los embajadores confirmando la absoluta realidad del embarazo, el inminente nacimiento del heredero. Y, en torno a ella, el conjunto de comadronas, movidas probablemente por la piedad, repiten que tiene razón, pero que es necesario tener un poco más de paciencia. A finales de agosto quizá... o en septiembre...

Después, inesperadamente, se baja el telón, se abandonan bruscamente todas las ilusiones, se pone fin a las ceremonias, y toda la corte recibe orden para que se preparen a abandonar el castillo. Todos se trasladarán a Oatlands. No existe ningún motivo para quedarse en Hampton Court. No hay nada que esperar. O quizás algo sí, pero no un niño. Más bien, otra cosa que se llama "muerte", y que tardará tres años en llegar, pero que desde aquel momento se encuentra presente en María, bajo la trágica y patética máscara de una promesa de vida.

María I de Inglaterra, María Tudor, murió en el palacio de St. James, en Londres, a las seis de la mañana del 17 de noviembre de 1558, tras una lenta agonía. La habían dejado sola, pues la mayor parte de los cortesanos habían abandonado el palacio real y se aglomeraban en la calle Hatfiel, donde vivía Isabel.

Palacio de St. James, escenario de la melancólica muerte de María Tudor en 1558.

Esta obra se terminó de imprimir
en marzo de 2004, en
Litográfica Ingramex, S.A. de C.V.
Centeno 162-1
Col. Granjas Esmeralda
México, D.F.

CALIDAD
ISO 9000
CERTIFICADA
Certificado No. 02-2082